KB150249

Benjamin Harrison

벤저민
해리슨

국민을 불행하게 만든
대통령들 10인 시리즈
벤저민 해리슨

Contents

들어가며

국민들은 후보자들 중 누가 사적인 욕심을 채우지 않고 주어진 문제를 잘 해결할 수 있는가에 집중하여 대통령을 선택합니다. 한 번도 소송을 심리해 본 적이 없는 변호사를 고용한다거나 경험이 없는 외과의사에게 자신의 몸을 맡기지 않는 것과 마찬가지로 경험과 능력이 부족한 사람을 대통령으로 선택하지 않습니다.

따라서 국민들은 자신이 선택한 대통령이 국가와 사회를 위해 대두되어 있는 현안문제를 잘 해결하고 미래발전을 위해 무한한 노력을 할 것이라 생각합니다.

하지만 종종 국민들은 부지불식간에 경험도 부족하고 능력도 부족한 사람을 대통령으로 선택합니다. 문제는 국민들이 대통령을 선택할 시점에는 그가 어느 정도로 능력이 부족한지를 잘 모른다는 사실입니다. 그럼에도 대부분의 국민은 자신이 선택한 대통령은 경험 있는 노련한 변호사이자 능력 있는 미다스의 손을 가진 외과의사라

여깁니다. 그래서 대통령을 선택하는 순간 어느 정도의 행복을 느끼고 무조건의 지지와 찬사를 보내는 것입니다. 하지만 예감은 행복만큼이나 모호한 것입니다. 시간이 지나고 그것이 역사가 되어 돌아올 때 국민들은 비로소 그 예감이 잘못되었다는 것을 확인하곤 합니다. 때로는 저주하다시피 후회하며 자신의 잘못된 선택으로부터 벗어나려 합니다. 많은 사람들은 '저에게는 다음 칸이 있습니다'라고 외치는 지하철의 용기 있는 외판원처럼 '나에게는 다음 선거가 있습니다'라고 자위하지만… 글쎄요? 다음 선거 때는 정말 후회하지 않을 투표를 할 수 있을까요?

　역사적인 관점으로 미국 대통령의 리더십을 공부한 저는 다음과 같은 질문을 하고 싶습니다. 국민들의 선택이 잘못인가요? 아니면 선택된 대통령의 잘못인가요? 대통령의 리더십을 공부하는 입장에서 저는 단연코 후자에게 책임을 물리고 싶습니다. 왜냐하면 민주주의 국가에서 국민들의 선택이 잘못될 수 있는 조건이 너무나 많기 때문입니다. '누가 이 나라를 가장 잘 이끌어 가면서 국민들을 행복하게 만들어 줄 것인가?' 누군가를 선택하는 것은 국민의 몫이지만 그 선택을 흐리게 하는 요인들이 너무나 많이 상존하고 있는 것이 현실입니다. 학연, 지연, 혈연, 이념 등으로 대표되는 연고주의 진영논리가 그것입니다. 또한 이데올로기갈등, 세대갈등도 중요한 요소입니다. 정의냐, 경제냐, 도덕이냐 등의 시대정신을 둘러싼 갈등도 있습니다. 민주국가의 선거제도가 때로는 최선의 선택이 아니라 차악次惡을 선택할 수밖에 없도록 만드는 경우도 있습니다. 그러나 이러한 조건들은 올바른 선택을 하는 데도 작용하며 국민을 행복하게 만드는 대통령을 선택할 시기에도 완전히 소멸되지 않고 있는 경우가 있습니다. 성공한 대통령을 선택한 시점에도 국민들의 선택을 흐리게 하는 요인들은 존재했다는 말입니다.

국민을 행복하게 만든 미국 대통령들 중 국민적 합의에 의해 선출된 조지 워싱턴을 제외한 나머지 4명이 대통령으로 선택될 당시에도 연고주의, 이데올로기, 세대갈등, 시대정신 등이 작용했습니다. 링컨은 남부지역 주에서 단한 곳의 지지도 받지 못했습니다. 프랭클린 루스벨트는 '뉴딜'이라는 새로운 시대정신을 바탕으로 대통령에 당선되었습니다. 케네디 역시 '뉴프론티어'라는 새로운 시대정신이 당선의 근간이 되었습니다. 레이건은 보수주의의 이데올로기를 바탕으로 대통령에 당선되었습니다. [1]

문제는 당선 이후의 삶은 국민들의 선택이 아니라는 점

. **1**   김형곤, 『국민을 행복하게 만든 대통령들』(서울 : 한올, 2021. 09 근간)

입니다. 우리가 야구를 할 때 3할 대 타자라면 최고의 타자라고 합니다. 말하자면 10번 날아오는 공을 단지 3번 쳐내는 것입니다. 국민들의 선택은 어떤 이유였든지간에 올바른 선택이 될 수도 있고 올바르지 않은 선택이 될 수도 있습니다. 그러므로 국민을 행복하게 만들거나 불행하게 만드는 것은 국민의 선택에 달려 있는 것이 아니라 대통령으로 선택된 그 사람의 리더십에 달려 있는 것입니다.

　조직의 직제상 이른바 '통령'이라는 직책이 있습니다. 통령은 그야말로 한 지역, 한 조직, 한 정치이념, 한 진영 등을 대표하는 사람을 말합니다. 하지만 '대통령'은 한 지역이나 한 조직, 한 정치이념이 아니라 국가 전체를 대표하는 사람입니다. 그래서 '대통령'인 것입니다. 비록 한 지역과 한 조직에 의해 대통령에 당선되었더라도 일단 대통령이 되고 나면 그를 반대하거나 지지하지 않는 사람 역시 그 대통령과 함께 해야 할 식구인 것입니다. 그러기 위해 대통령은 국민과 더불어 성취해야 할 목표를 위해 배우고, 교육하고, 상호 신뢰하고, 협조하며, 솔선수범하고, 혁신해 가야만 합니다. 이런 대통령은 국민을 행복하게 만들어 줍니다. 한 국가를 대표하는 대통령은 너무나 당연하게도 이러한 가치들을 두루 겸비해야 합니다.

　시간이 지나고 많은 것들이 역사가 된 현시점에서 보면

국민을 행복하게 만든 대통령이 있는 반면에 국민을 불행하게 만든 대통령도 있습니다. 이 책은 거의 모든 평가에서 최악의 평을 받고 있는 대통령에 대한 이야기가 중심이 될 것입니다.

2009년은 링컨 탄생 100주년이었습니다. 더불어 한국에서 미국 역사를 공부하는 사람들의 모임인 '한국미국사학회' 창립 20주년이었습니다. 이를 기념하여 학회는 미국 대통령 중 '성공한 대통령 10인'을 선정하여 기념총서를 출간한 바가 있습니다. 각 대통령에 대한 전문 집필진을 구성하였으며 필자는 당시 이 일을 진행하는 총괄편집자로서 적지 않은 보람을 느꼈습니다.

그로부터 약 10여 년이 지났으나 필자에게는 언젠가해보고 싶은 일이 하나 더 있었습니다. '실패한 대통령 10인'을 골라 그들이 누구이며 왜 그러한 평가를 받는가를구체적으로 살펴보는 것입니다. 역사의 기능에서 가장 중요한 '포폄褒貶'의 역할을 할 수 있으리라 생각했기 때문입니다. 나아가 우리나라에도 실패한 대통령을 닮지 않은성공한 대통령이 나오게 하는 데 작은 씨앗이 될 수 있으리라 굳게 믿기 때문입니다.

언제나 그렇듯 출판의 세계는 어려움이 많습니다. 더욱 SNS가 활성화되고 있는 현실에서 종이출판의 세계는

생명이 다해 가는 느낌입니다. 그럼에도 불구하고 선뜻
부족한 원고를 책으로 만들어 주신 한올출판사에 깊은
감사를 드립니다.

2021년 봄날을 보내면서

변호사 시절 해리슨

남북전쟁 당시 군인 해리슨

대통령 해리슨

백악관에서 해리슨 가족

01

대통령의 손자가 또 다른
대통령이 되다.

"티피카누와 타일러, 역시!"

어린 벤저민 해리슨Benjamin Harrison이 막 7살이 된 1840년 여름에 오하이오주 노스벤드에 있는 그의 가족과 이웃들은 기쁨에 흥분을 감추지 못하고 있었습니다. 휘그당Whig Party이 벤저민의 할아버지인 윌리엄 헨리 해리슨William Henry Harrison을 차기 미국 대통령 후보로 선출했기 때문입니다. 휘그당은 여름과 가을 내내 미국 역사상 가장 화려한 선거운동을 전개했습니다. 휘그당은 해리슨의 당선을 위해 모든 도시와 마을 구석구석을 찾아다니면서 집회와 행진을 주도했습니다. 윌리엄 헨리 해리슨은 인디애나주의 티피카누 강에서 벌어진 인디언과의 전투를 승리로 이끌었다는 이유로 '노장 티피카누'라 불리면서 국민들로부터 많은 인기를 얻고 있었습니다. 휘그당의 선거 슬로건이 미국 전역에 울려 퍼졌습니다. 지지자들은 "티피카누와 타일러, 역시!"를 외치면서 유권자들에게 해리슨과 그의 부통령 후보 존 타일러John Tyler에게 투표해 줄 것을 유세했습니다.

윌리엄 헨리 해리슨과 존 타일러

해리슨이 가장 아끼고 사랑했던 손자인 벤저민 또한 할아버지의 선거운동에 분명 흥분과 기쁨을 감추지 못했을 것입니다. 그해 가을에 할아버지 윌리엄 헨리 해리슨은 미국 대통령에 당선되었습니다. 이는 미국 정당사에서 중요한 의미가 있는 선거였습니다. 1828년 이후 이른바 잭슨민주당이 12년간 백악관을 차지하고 있다가 상대 정당인 휘그당이 처음으로 백악관을 차지했기 때문입니다.[1]

. 1   1788년 대통령 선거에서 워싱턴은 어떤 당파나 정당이 없이 만장일치로 당선되었습니다. 그러나 시간이 흐르면서 연방 정부와 중앙집권적 정책을 중시하는 '연방파'(워싱턴, 애덤스, 해밀턴 등)와 지방분권을 앞세우고 주정부 위주의 정책을

1842년 2월 당선자 윌리엄 해리슨은 대통령에 취임하기 위해 노스벤드를 떠나 워싱턴으로 이사했습니다. 그는 진눈깨비가 날리는 3월 4일에 비옷을 걸치지 않고 무려 1시간 40분에 걸쳐 연설을 하면서 대통령에 취임했습니다.

벤저민은 백악관에 있는 할아버지를 만날 수가 없었습니다. 취임식이 있은 지 몇 주가 지난 4월 4일에 할아버지 윌리엄 해리슨 대통령이 폐렴에 걸려 죽었기 때문이었습니다. 취임식 때 온몸으로 진눈깨비를 맞은 것이 원인이었습니다. 어린 벤저민은 사랑하는 할아버지의 시체가 무덤으로 가기 위해 노스벤드로 되돌아온 그해 어느 봄날을 또렷이 기억하지 않을 수가 없었습니다.

1889년 할아버지가 대통령으로서 맹세를 한 지 49년이 지난 그날 손자 벤저민 해리슨 역시 대통령으로서 맹

중시하는 '공화파'(제퍼슨, 메디슨, 에런 버, 먼로 등)가 선거에 도전했습니다. 하나의 혁명으로 불리는 '1800년 선거'(인류 최초로 피나 쿠데타에 의하지 않고 국민들의 선거를 통해 정권이 바뀐 사례)를 통해 공화파가 정권을 잡았습니다. 아직까지 하나의 정당으로 발전하지 않은 상태에서 공화파에 대한 연방파의 도전은 계속되었고 그 결과 1824년 선거에서 국민공화파(옛 연방파 세력이 주류)의 존 퀸시 애덤스가 대통령에 당선되었습니다. 권력에서 밀려난 민주공화파(옛 공화파 세력이 주류)는 1828년 선거에서 잭슨을 중심으로 똘똘 뭉쳤고 시간이 지나면서 (잭슨) 민주당으로 발전했습니다. 민주당은 잭슨부터 마틴 밴 뷰런까지 12년 동안 백악관을 차지하고 있는데 잭슨에게 패한 국민공화파(대니얼 웹스터, 윌리엄 헨리 해리슨, 휴 회이트 등)를 중심으로 1833년에 휘그당이 탄생했습니다. 당시 막 정치를 시작했던 에이브러햄 링컨은 휘그당에 입당해 활동하기 시작했습니다.

세를 했습니다. 어린 시절부터 줄곧 벤저민은 유명한 할아버지를 자랑스럽게 여겨 왔습니다. 할아버지의 성공은 해리슨에게 일종의 확신을 주었습니다. 그래서 정치세계에서 활동하고 있었던 벤저민 해리슨이 언젠가 이 나라 최고의 직책에 당선될 수 있으리라고 생각한 것은 결코 놀라운 일이 아니었습니다.

어린 시절

벤저민 해리슨은 1833년 8월 20일 오하이오주 연방 하원의원을 지낸 존 스콧 해리슨John Scott Harrison [2]과 엘리자베스 램지Elizabeth Ramsey의 10명의 자녀 중 둘째로 그 유명한 할아버지 집이 있는 오하이오주 신시내티 서부지역 오하이오강변의 노스벤드에서 태어났습니다. 그는 벤저민

---

2   존 스콧은 1824년 루크레티아 존슨(Lucretia Knapp Johnson)과 결혼하여 3명의 자녀를 얻었는데 그녀는 1830년에 사망했습니다.

이라는 이름을 가진 해리슨 가계의 8대 자손이었습니다. 1대 벤저민이 1630년대 초 영국에서 아메리카 식민지 버지니아에 도착했습니다. 5대 벤저민 해리슨어린 벤저민의 증조할아버지은 독립 전 버지니아 하원에서 무려 27년간이나 의원을 지낸 부유한 농장주로 독립선언서에 서명했고 독립 후 버지니아주지사를 역임했습니다.

윌리엄 헨리 해리슨은 건국의 아버지 해리슨의 7명의 자녀 중 막내아들이었습니다. 그는 아버지의 명성에 힘입어 군 장교가 되었고 1811년 11월 쇼니족의 티컴세Tecumseh를 상대로 한 티피카누전투에서 승리를 이끌고 나아가 1812년 전쟁 동안 캐나다에서 영국군을 상대로 승리한 것에 큰 명성을 얻었습니다. 1814년 전쟁이 끝날 무렵 군을 떠난 윌리엄 헨리 해리슨은 오하이오주 노스벤드로 이주하여 그곳 땅 2천 에이커약 800헥타르를 구입하고 정착했습니다. 곧바로 그는 그 지역 젠틀맨으로 농장주가 되었고 1816년 연방 하원의원과 상원의원을 지내면서 정치 지도자가 되었습니다.

벤저민의 아버지 존 스콧 해리슨은 아버지로부터 수백 에이커의 땅을 증여받았습니다. 아버지는 두 번째 결혼에서 10명의 자녀 중 미래의 대통령 벤저민 해리슨을 포함하여 총 6명의 자녀만을 성인으로 키워 냈습니다. 어머니 엘리자베스는 헌신적이고 활동적인 장로교 신도로 자녀들을 믿음 속에서 양육했습니다.

아버지 존 스콧의 농장인 포인트에서 성장한 벤저민 해리슨은 어린 시절에 농장의 허드렛일을 즐겁게 도왔고 지역의 통나무집으로 된 학교에 다녔습니다. 특히 벤저민은 오하이오강에서 낚시하는 것을 즐겼고 때로는 그 둑을 따라 사냥을 즐겼습니다. 서부 프론티어지역으로 정착자들이 늘어남에 따라 벤저민은 종종 집 문간에서 오하이오강을 오가는 너벅선과 증기선을 보곤 했습니다.

시간이 지나면서 아버지의 농장 일은 잘되었고 많은 곡물을 거두었습니다. 벤저민의 어머니와 누이들은 가족들이 입을 대부분의 옷을 손수 만들었습니다. 아버지 존 스콧은 자녀들을 농장 내에서 양육하고 교육시킬 만큼 충분한 돈을 벌었습니다. 그런 만큼 벤저민의 아버지와 어머니는 어떤 부모들보다 넘치는 사랑 속에서 자녀들을 키웠습니다. 훗날 공부를 위해 학교에 갔을 때 벤저민은 크리스마스 휴일이면 반드시 고향집을 방문했으며 농장에서 쟁기질과 수확하는 일을 도왔습니다.

벤저민이 14살이 되던 해에 그와 그의 형 어윈Irwin은 신시네티에 있는 기숙학교로 대학예비학교인 농민대학에 입학했습니다. 그 당시 다른 아이들과 같이 그들은 수학,

캐롤라인

과학, 라틴어, 철학, 종교 등을 공부했습니다. 이때 벤저민에게 큰 영향을 준 선생은 장로교 목사인 존 스콧John Scott, 아버지와 이름이 같다인데 그는 캐롤라인Caroline 혹은 캐리Carrie라는 예쁜 딸의 아버지였습니다. 벤저민은 무작정 그녀가 좋았고 둘은 좋은 친구가 되었습니다.

벤저민은 기숙학교에서 우수한 성적을 기록했고 아버지는 아들이 동부의 명문 예일대학에 입학하기를 원했습니다. 그러나 1840년 벤저민의 어머니 엘리자베스가 갑자기 사망했습니다. 벤저민의 아버지는 이제 겨우 6살과 18살의 달하는 6명의 자녀를 돌보지 않으면 안 되었습니다. 결국 아버지는 아들 벤저민이 가능한 집 가까운 곳에서 대학 공부를 하기를 원했습니다.

전공과 아내

1850년에 벤저민은 노스벤드에서 40마일약 60킬로미터떨어진 오하이오주 옥스퍼드에 있는 주립 마이애미대학[3]에 3학년으로 편입학했습니다. 그런데 기숙학교에서 따랐던 존 스콧 선생이 여자대학[4]을 설립하기 위해 옥스퍼드로 이사를 했습니다. 벤저민은 너무나 좋았습니다. 왜냐하면 그가 따라다녔던 스콧의 딸 캐리를 가까운 곳에서 자주 만날 수 있었기 때문이었습니다. 그녀는 아버지가 세운 대학에서 공부하면서 음악을 가르쳤습니다. 벤저민

---

[3] 1824년에 정식으로 수업이 시작된 애팔래치아산맥 서쪽에 건립된 가장 오래된 대학으로 주 정부가 자금을 댄 주립대학이지만 주로 장로교 목사들을 양성하는 기관으로 오랜 명성을 가지고 있었습니다. 오늘날 이 대학은 사립 아이비리그에 견줄 만한 공립 아이비리그 중 하나입니다.

[4] 오하이오의 옥스퍼드에 있는 옥스퍼드여자대학(Oxford Female Institute) 건물은 1976년에 미국 국가역사유적지로 등록되었습니다. 이 대학은 옥스퍼드의 장로교회의 소유로 초대 학장은 존 스콧이었고 2대 학장은 그의 딸인 캐롤라인이었습니다. 이 대학은 1928년에 마이애미대학에 통합되었습니다. 그 후 마이애미대학은 옥스퍼드여자대학 건물을 '옥스칼리지(OX College)'라 명명하고 여학생 기숙사로 활용하다가 현재는 옥스퍼드지역 예술센터로 활용하고 있습니다.

은 옥스퍼드에 있는 스콧의 집을 자주 방문했고 그녀와 많은 시간을 보냈습니다. 벤저민과 캐리는 아무도 몰래 마차를 타고 빠져나와 댄스파티를 즐기곤 했습니다. 피 끓는 젊은 청춘남녀의 잦은 일탈은 그녀의 가족을 종종 난색하게 만들었습니다.

1852년에 벤저민은 마이애미대학을 졸업했고 캐롤라인은 옥스퍼드 여자대학을 졸업했습니다. 독실한 장로교 신도인 어머니와 사랑하는 여자친구의 아버지 스콧의 영향으로 벤저민은 대학에서 신학을 전공하여 장로교회 목사가 되기를 원했습니다. 하지만 마이애미대학에 입학을 하자마자 벤저민은 자신의 지능과 근면함이 타의 추종을 불허한다는 점을 확인했습니다. 한 친구는 그 당시 벤저민에 대해 "그는 정치경제와 역사분야에 탁월했습니다. 인생을 결코 단순한 흥미나 스포츠 같은 것에 허비하지 않을 친구입니다"라고 회고했습니다. [5] 자연적으로 벤저민은 신학을 포기하고 자신이 잘하는 분야로 진출할 수 있는 법학을 공부했습니다. 그와 캐리는 결혼에 대해 이야기를 나누었으나 이렇다 할 직업이 없었던 두 사람은 결혼을 미룰 수밖에 없었습니다. 벤저민은 신시내티의 한

· **5**   Charles W. Calhoun, *Benjamin Harrison*(New York: Times Books, 2005), 12.

법률회사에서 무보수로 일을 하면서 법률 공부를 계속했습니다. 신시내티에서 벤저민은 이복여동생인 엘리자베스 집에서 기숙했습니다. 너무나 사랑하는 캐리는 켄터키주의 캐롤턴에 있는 한 여자학교에서 교사로 일을 했습니다.

신시내티에서 벤저민은 많은 시간을 할애해 법률 공부에 몰두했습니다. 그의 누이 애나Anna에게 보낸 편지에서 벤저민은 다음과 같이 말했습니다.

나는 매일 같은 일을 하고 있어. 세 끼를 먹고 …여섯 시간을 자고 나머지는 먼지가 쌓인 오래된 책을 읽고 있어. [6]

공부하는 동안 그는 캐리를 몹시도 그리워하면서 캐롤턴으로부터 오는 그녀의 편지를 애타게 기다렸습니다. 지역 우체국에서 일을 하는 사람들이 매일 자신에게 온 우편물을 찾으러 오는 상사병에 걸린 젊은이를 보고 낄낄거리며 웃곤 했습니다. 이때 해리슨은 자신이 부산한 도시에서 사는 것을 좋아하지 않는다는 것을 깨달았습니다. 집으로 보낸 또 다른 편지에 해리슨은 다음과 같이 썼습

---

[6]   Jean K. William, *Benjamin Harrison*(New York: Children's Press, 2004), 13재인용.

니다.

나는 파란 풀과 신선한 공기가 너무나 그립습니다.[7]

1853년 가을에 벤저민과 캐리는 비록 그가 아직 생활비를 벌지 못하고 있지만 결혼하기로 결심했습니다. 그들은 그가 공부를 마치는 동안 노스벤드의 넉넉한 집에서 다른 가족들과 생활할 수 있었습니다. 캐리의 아버지 스콧 목사가 1853년 10월 20일 옥스퍼드에 있는 자신의 집에서 결혼을 주관했습니다.

결혼 후 벤저민은 법률 공부에 더 많은 시간을 보냈지만 이전과 달리 더 행복해했습니다. 그는 친구인 존 앤더슨John Anderson에게 다음과 같은 편지를 보냈습니다.

그녀가 내 아내라는 사실과 내 앞에 늘 있다는 사실만으로도 나는 무한한 행복을 느끼고 있어.[8]

캐리는 노스벤드의 시댁에서 사는 동안 해리슨의 동생들을 돌보았습니다. 당시 벤저민의 아버지는 연방 하원의원에

7　William, *Benjamin Harrison*, 13재인용.

8　William, *Benjamin Harrison*, 13재인용.

당선되어 가을이 되면 회기를 위해 워싱턴으로 갔습니다.

변호사 시험 합격과
인디애나폴리스로 이사

1854년 벤저민은 드디어 변호사 시험에 합격해 자격증을 받았습니다. 그는 부산하게 산업화가 되어 가고 있는 신시내티와 같은 도시에서 사는 것을 별로 좋아하지 않았기 때문에 한적한 서부 변경지역으로 가서 사무실을 열기로 결정했습니다. 처음에 그는 시카고를 고려했으나 최종적으로는 인디애나주 주도인 인디애나폴리스로 결정했습니다. 이 결정은 인디애나폴리스에서 상당한 성공을 거둔 사촌 윌리엄 싯츠William Sheets가 이곳으로 오기를 권고하면서 일시적으로 머물 수 있는 집을 제공한 것이 크게 작용했습니다.

또한 인디애나폴리스가 노스벤드 농가에서 겨우 75마

일약 120킬로미터 떨어진 곳이라 벤저민이 관심을 가졌던 것이 아닌가 생각합니다.

인디애나폴리스에서 자리 잡은 해리슨은 좋은 출발을 기대했습니다. 이곳은 아직 작은 도시였고 일거리가 많지 않았지만 팽창하는 서부와 함께 이곳도 빠르게 성장했습니다. 인디애나폴리스가 주州의 정치적, 법률적, 산업적 중심으로 성장하면서 해리슨의 소득도 높아져 갔습니다. 유명한 해리슨 가문은 오하이오주의 신시내티에서와 마찬가지로 인디애나주에서도 명성을 더했습니다. 인디애나주가 준주였을 때 지사로 역임했던 할아버지가 그 유명한 티피카누 전투에서 승리를 했던 것입니다.

02

정치입문과
전쟁에 참가하다.

새끼 변호사의
성공을 위한 투쟁

벤저민과 캐리 해리슨은 한 개의 큰 박스에 모든 살림살이를 싣고 1854년 4월 인디애나폴리스에 도착했습니다.

그들이 선택한 도시에서의 생활은 몹시도 어려웠습니다. 벤저민은 처음부터 변호사사무실을 개업해야만 했습니다. 어렵사리 개업을 했지만 한동안 그는 적절한 일을 찾기가 어려웠습니다. 상당 기간 해리슨 부부는 키친 부부의 2층짜리 집의 일부를 세 들어 생활했습니다. 여러 해가 지난 후 존 키친John Kitchen 씨는 당시 벤저민 해리슨에 대해 다음과 같이 말했습니다.

그는 친절하고 온화하며 부지런하기는 했지만 절대로 마음을 다 털어놓지 않았습니다. 그럼에도 지적인 능력 덕분에 많은 사람들로부터 인기를 얻었습니다. … 결국 해리슨은 자신이 하는 모든 일을 성공적으로 만들어 갔습니다. [9]

---

9 Anne C. Moore, *Benjamin Harrison; Centennial President*(New York: Nova Science Publishers, Inc., 2006), 26-27재인용.

인디애나폴리스에서의 첫 해 해리슨 부부에게는 많은 어려움이 중첩되었습니다. 어느 날 세 들어 사는 집의 화재로 해리슨 부부는 졸지에 집 없는 천사 신세가 되었습니다. 겨우 새로운 집으로 이사를 했으나 일주일에 7달러인 집세는 그들이 감당하기 어려웠고 어쩔 수 없이 더 싸고 허름한 집으로 이사를 했습니다. 결국 한 달 후에 해리슨은 너무나 사랑하는 아내 캐리와 헤어져 생활해야만 했습니다. 캐리가 첫 번째 임신을 했고 아기를 위해 모든 것이 열악한 인디애나폴리스를 떠나 옥스퍼드에 있는 친정집으로 가기로 결정했던 것입니다. [10] 캐리가 떠나고 벤저민은 더 싼 방을 빌려 생활했고 변호사로 성공하기 위해 이중의 노력을 했습니다. 그러던 중 인디애나폴리스의 중심거리에 있는 한 은행 건물의 작은 사무실을 빌려 일을 하면서 기회가 찾아오기 시작했습니다. 연방 법원의 한 관리인이 근면한 해리슨에게 법원 임시직을 제안했습니다. 보수는 하루에 2.5달러로 당시로는 꽤 괜찮은 편이었습니다.

---

[10] 1854년 8월 12일 아들 러셀(Russell)은 아버지 벤저민이 21살이 되기 8일 전에 태어났습니다. 벤저민은 아내와 아들을 만나기 위해 처가로 달려갔지만 덥고 습도가 높아 병균이 창궐할 수 있는 인디애나폴리스로 돌아오기보다 옥스퍼드에서 여름을 보내기로 결정했습니다. 시아버지 스콧은 며느리가 남자아이를 순산한 것을 해리슨 가문의 영광으로 생각했습니다.

해리슨은 첫 번째 소송으로 인디애나폴리스시에서 약 10마일 떨어진 한적한 시골마을의 사건을 담당했는데 이 소송으로 5달러의 수임료를 받았습니다. 얼마의 시간이 지나고 해리슨은 범죄 피고인으로 고발된 사람들을 기소하는 시의 부_副검찰관이 되었습니다. 그는 재판에서의 소추의 마지막 논점을 작성하는 일을 했습니다. 해리슨은 논점을 상세하게 작성했는데 어둠이 내린 상태에서 희미한 불빛으로는 글자를 읽을 수가 없었습니다. 하는 수 없이 해리슨은 쪽지를 옆에 두고 기억을 더듬어 논점을 정확히 요약함으로써 배심원들로부터 유죄평결을 이끌어 냈습니다. 이를 통해 해리슨은 자신이 맡은 소송 건을 철저히 준비한다는 시각을 사람들에게 심어 주었습니다. 한번은 독_毒으로 사람을 죽여 기소된 재판에서 해리슨은 밤을 세워 가며 여러 독을 공부했습니다. 다음 날 열린 재판에서 그는 독에 관한 해박한 지식으로 재판정을 주도하고 결국 판결을 승리로 이끌었습니다.

재기 넘치는 몇 번의 승리에도 불구하고 해리슨의 수입은 넉넉하지 못했습니다. 여름이 지나고 너무나 사랑하는 아내 캐리와 아들 러셀이 인디애나폴리스로 돌아왔습니다. 사랑하는 가족과 같이 살 수 있어 기뻤지만 해리슨은 여전히 가족을 부양하기에는 수입이 턱없이 부족했습니다. 해리슨은 당시 심정을 아내에게 보낸 편지에서 다음과 같이 말했습니다.

당신은 내가 특별히 하는 일 없이 몇 달 동안 사무실에 앉아 있게 되면서 얼마나 고통스러웠는지 알지 못할 거야. 그러나 내 앞길이 아무리 실망스러워도 나는 추구하는 목적 달성을 위해 조금도 흔들리지 않을 거야. 나는 오래전부터 하나님의 축복과 그분이 주신 건강 때문에 반드시 성공할 수 있을 거라 강하게 믿고 있었어. 나는 결코 그런 결과가 오리라는 것을 의심하지 않아…. [11]

힘든 겨울을 보내고 1855년 새봄이 오면서 해리슨에게도 새로운 기회가 찾아왔습니다. 성공한 지역 변호사로 오하이오주 전 주지사의 아들인 윌리엄 월리스William Wallace가 21살의 신참 변호사를 파트너로 선택했습니다. 당시 그는 매리온카운티의 법률고문이자 서기관에 입후보를 한 상태여서 선거에 몰두해야 했던 것입니다. 월리스는 패배했지만 해리슨과 파트너를 유지했습니다. '선배 변호사의 인맥과 신참 변호사의 재능과 근면 덕분'에 그들

---

[11]   Calhoun, *Benjamin Harrison*, 17재인용.

의 변호사 사무실은 날로 번창해 갔습니다.[12]

좋을 때든 나쁜 때든 해리슨의 인생에서 종교는 항상 지배적인 힘으로 작용했습니다. 해리슨과 캐리는 그들이 인디애나폴리스에 도착하자마자 즉시 그곳 제일 장로교회First Presbysterian Church에 나갔습니다. 3년 후 해리슨은 교회 집사가 되었습니다. 해리슨 부부의 사회생활은 언제나 교회를 중심으로 이루어졌고 가정에서 기도와 성경 읽기는 일상생활의 중요한 부분을 차지했습니다. 이뿐만 아니라 그는 좋은 기독교인이 정치를 하는 것은 하나님께 진정으로 봉사하는 것이라는 생각을 잊지 않았습니다.

정치입문

젊은 해리슨 가족이 성장하기 위해 투쟁한 것처럼 미국역시 마찬가지였습니다. 서부가 개척됨에 따라 생겨 나

---

x

x

[12]   Harry J. Sievers, Benjamin Harrison, 3 vols. (vols. 1 and 2: New York: New York University Publishers, 1952, 1956; vol. 3: Indianapolis: Bobbs Merrill, 1968), 1: 107.

게 된 새로운 준주에 노예제도를 허락할 것인가 금지할 것인가 하는 문제가 너무나 쓰라린 갈등을 초래해 급기야 국가를 갈라놓을 지경까지 이르렀습니다. 대부분의 남부인들은 노예제도를 찬성했으며 서부로 이주한 남부인들은 자신들과 함께 노예제도를 가지고 와야만 한다고 주장했습니다. 반면에 대부분의 북부인들은 현재 노예제도가 인정되고 있는 주를 넘어 다른 지역으로 확대되는 것을 결사반대했습니다. 사실 당시 '노예제도 폐지론자'로 알려진 세력들은 노예제도를 폐지하거나 완전히 끝장내기를 원했습니다.

  갈등은 중요한 두 개의 정당을 분열시켰습니다. 그때까지 정당은 정치철학이나 이념을 근거로 형성되어 왔지만 이제부터는 지역을 근거로 이루어졌습니다. 대통령 윌리엄 헨리 해리슨을 배출했던 전통의 휘그당은 너무나 분열되어 존재의 이유가 무색하게 되어 갔습니다.[13] 1854년

---

[13] 특히 1852년 민주당 대통령 후보 프랭클린 피어스의 승리와 1854년 캔자스 네브래스카법의 통과는 휘그당의 존재를 미비하게 만들었습니다. Paul Calore, *The Causes of the Civil War: The Political, Cultural, Economic and Territorial Disputes Between the North and South*(Jefferson, North Carolina: McFarland & Company, Inc., Publishers, 2008) 이 책은 휘그당의 몰락 과정을 상세하게 설명하고 있습니다.

캔자스 네브래스카법안의 통과 이후 그동안 튼튼한 보루로 지켜져 왔던 1820년의 미주리타협의 원칙이 사실상 무너진 상태에서 노예제도의 확산을 반대해 왔던 북부인들은 휘그당을 떠나 그들만의 새로운 정당인 공화당 Republican Party을 만들었습니다. 새로운 정당의 주요 강령은 노예제도 확산반대와 연방 정부의 자금으로 교통망 개량사업을 시행하는 것이었습니다.

이제 막 정치세계에 뛰어든 젊은 벤저민 해리슨은 이 새로운 정당에 매력을 느꼈고 인디애나폴리스에서 열린 정당대회에 참가했습니다. 물론 벤저민은 할아버지가 휘그당 출신의 정치인이라는 집안의 정치성향에 영향을 받았습니다. 벤저민은 1856년 선거에서 공화당이 처음으로 낸 대통령 후보인 존 프리몬트John Fremont를 위해 선거운동을 했습니다. 비록 프리몬트는 대통령 선거에서 민주당 후보 제임스 뷰캐넌James Buchanan에게 패배했지만 의원 선거에서는 공화당 후보들이 연방의회와 주의회에 많은 진출을 했습니다. [14] 해리슨의 아버지는 아들이 공화당원이 된 것에 실망했습니다. 왜냐하면 아버지 존 스콧 해리슨

---

[14] 신예 공화당은 연방 하원은 물론 연방 상원에서도 전통의 민주당을 근소한 차이로 따라갔습니다.

은 일생의 대부분을 노예주인 켄터키의 오하이오강 부근에서 살았고 노예제도는 헌법이 보장하듯이 국가를 보존하기 위해 감내해야만 하는 것이라 굳게 믿었기 때문이었습니다. 바로 이 점에서 벤저민과 아버지 존 스콧은 정치분야에서 도저히 일치하지 못했습니다. 그러나 아무리 정치적 가치가 다르다고 해도 그들은 부자간의 관계를 단절하지 않았습니다.

사실 벤저민 해리슨은 '해리슨'이라는 이름으로 살아가기가 늘 쉽지만은 않았습니다. 여러 번에 걸쳐 벤저민은 해리슨이라는 이름으로 경력 관리에 많은 도움을 받았지만 또 한편으로 적지 않은 어려움을 당하기도 했습니다. 예를 들어 1856년 대통령 선거에서 여러 명의 공화당원들이 해리슨의 변호사 사무실로 다짜고짜 들어와 할아버지 윌리엄 헨리 해리슨처럼 연설을 해달라고 요구했습니다. 당황한 해리슨은 연설할 준비가 되어 있지 않다고 말했으나 공화당원들은 반강제로 그를 끌고 나가 공화당 선거운동이 열리는 장소로 데리고 가 이전 대통령 할아버지를 닮은 손자라고 소개했습니다. 군중들이 열렬히 환호했을 때 젊은 벤저민은 다음과 같이 말했습니다.

나는 그 누구의 손자로 알려지기를 원하지 않습니다. 모

든 사람들은 자신만의 장점으로 살아가야 한다고 생각합니다. [15]

이 말을 하고 벤저민은 공화당 후보 프리몬트를 위해 연설했습니다. 사실상 벤저민이 대중을 향해 주장한 최초의 짧은 정치연설이었지만 이는 많은 유권자들에게 상당한 어필을 했습니다.

1857년 해리슨은 인디애나폴리스시 소속 변호사직에 출마해 당선되었습니다. 그는 시민은 자신이 살고 있는 사회를 위해 당연히 봉사해야만 한다고 강하게 믿었습니다. 그럼에도 그는 공무원직은 자신이 변호사로 성공하는 데 많은 도움을 줄 것이라고 확신했습니다. 벤저민은 1858년 인디애나주 공화당 사무총장직을 역임하면서 당 업무에도 열심이었습니다. 의외로 이 직책은 주 곳곳에서 열리는 공화당 모임에서 여러 공화당원들을 만날 수 있도록 해주었습니다. 이는 벤저민이 좀더 높은 공직에 출마하여 당선되도록 하는 데 큰 도움을 주었습니다. 그해는 벤저민 부부의 딸 메리그들은 마미라고 불렀습니다.가 태어난 해이기도 합니다.

---

15   William, *Benjamin Harrison*, 20재인용.

해리슨은 시 소속 변호사로 있으면서 주 법률시스템을 두루 살펴볼 수 있었습니다. 1860년에 그는 주 대법원 법정 속기사직에 출마했습니다. 법원 속기사직은 대법원의 판결을 요약하고 이를 인쇄하는 일이 주요 임무였습니다. 해리슨이 요약한 자료가 책으로 만들어져 여러 법률가들에게 팔려 나갔습니다. 따라서 법정 속기사의 수입은 공무원으로 받는 수입 이외에 책 판매를 통해서도 얻을 수가 있었습니다. 사실 주에 있는 모든 법률회사들이 이러한 기록을 필요로 했기 때문에 대법원 법정 속기사는 상당한 수입을 올릴 수가 있었습니다.

1860년 가을에 해리슨과 다른 후보자들이 법정 속기사직을 두고 선거전에 돌입했습니다. 그해는 노예제도를 두고 사활을 건 논쟁이 이루어지고 이를 바탕으로 대통령을 다시 선출하는 아주 중요한 정치적인 해였습니다. 공화당 대통령 후보 에이브러햄 링컨은 노예제도 확산을 확고하게 반대했기 때문에 공화당원들에게 큰 인기를 얻고 있었습니다. 하지만 링컨은 노예제도를 찬성하는 남부와 대부분의 민주당원들에게서는 혹독한 경멸을 당했습니다. 인디애나주 유권자들은 노예제도 확산을 두고 반대와 찬성으로 나뉘었습니다. 주 남부지역에 살고 있는 많은 사람들은 대부분 켄터키주 출신으로 남부의 견해에 옹호

적이었습니다. 해리슨이 주 남부지역에서 선거운동을 할 때 노예제도에 관한 자신의 견해에 대해 질문을 받자 여러 친구들이 이를 적절히 무시하라고 충고했지만 그는 이를 단호히 거절했습니다. 해리슨은 이 민감한 질문에 동일한 대답을 적은 쪽지를 준비해서 북부지역과 남부지역에서 같은 연설을 했습니다.

나는 노예제도 확산을 반대하며 에이브러햄 링컨을 지지합니다. [16]

해리슨이 선거운동을 하기 위해 록빌에 들렀을 때 민주당의 유력한 주지사 후보인 토머스 헨드릭스Thomas Hendricks를 포함한 여러 민주당 후보들이 대중들을 상대로 연설할 시간과 장소를 모두 선점해 해리슨은 기회를 잡기가 어려웠습니다. 그런 중에 한 무리의 민주당원과 공화당원들이 노련하고 경륜이 넘치는 헨드릭스와 이제 겨우 27살의 나이로 사소한 공직에 출마한 해리슨과의 맞장 토론을 제안했습니다. 해리슨은 기꺼이 그 도전을 받아들였습니다. 헨드릭스와 그의 도전자들이 먼저 민주당의 입장을 설명했습니다. 해리슨은 민주당의 입장을 세심

---

16 William, *Benjamin Harrison*, 21.

하게 들었습니다. 그들이 연설을 마치자 해리슨은 기다렸다는 듯이 일어나 앞서 말한 민주당의 입장을 조목조목 차분하고 강하게 따지면서 반박했습니다. 해리슨의 전기 중 하나에는 토론회에 참가한 어떤 사람이 다음과 같이 외쳤다고 쓰여 있습니다.

이 작은 친구해리슨가 상대방을 완전히 때려눕힌 꼴이네요. 해리슨은 너무나 깨끗이 해치웠어요.[17]

10월에 해리슨은 대법원 법정 속기사에 쉽게 당선되었습니다. 더불어 애당초 다소 불리했던 공화당 주지사 후보인 올리버 몰턴Oliver Morton 역시 토머스 헨드릭스를 물리쳤습니다. 11월에 에이브러햄 링컨이 공화당 후보로 대통령에 당선되었습니다. 공화당원들은 의기양양해졌지만 특히 남부의 민주당원들은 공화당과 공화당원들의 승리를 인정하지 않았습니다. 1860년 연말이 되기 전에 남부에 속해 있는 주 중 최초로 사우스캐롤라이나주가 미국 연방으로부터 독립을 선언하면서 연방을 탈퇴했습니다. 이

17 J. Harry and S.J. Sievers, *Benjamin Harrison*, vols. I-II(New York: University Publishers, 1952, 1959), vol. III(Indianapolis: Bobbs-Merrill, 1968), I, 50.

에이브러햄 링컨

듬해 3월 민심이 흉흉하고 암살의 위협이 난무하는 가운데에서도 링컨은 대통령에 취임했습니다. 그러나 남부의 여러 주들이 연방 탈퇴를 선언하고 남부동맹을 형성했습니다.[18] 전쟁이 임박하는 가운데 4월 12일 남부동맹은 사우스캐롤라이나에 있는 연방 요새에 포격을 가했습니다. 남북전쟁이 시작되었습니다.

그러는 동안 해리슨은 법정 속기사직에 성실하게 임하고 있었습니다. 남부동맹과 전쟁을 치러 연방을 보존해야

---

[18]　사우스캐롤라이나를 이어 미시시피, 플로리다, 앨라배마, 조지아, 루이지애나, 텍사스 주가 탈퇴를 선언하고 이어 노예제도를 유지하고 있었던 버지니아, 아칸소, 테네시, 노스캐롤라이나 주 등 총 11개 주가 연방을 탈퇴하여 남부동맹을 구성했습니다.

토머스 헨드릭스

올리버 몰턴

만 하는 링컨 대통령은 지원자를 모집했습니다. 이에 인디애나주에서도 수천 명이 지원했습니다. 당시 해리슨은 아내와 두 명의 아이의 아버지로 동생과 조카 한 명과 함께 거주했습니다. 변호사 일과 법원 서기 일이 잘됨에 따라 해리슨은 스스로 지칠 때까지 일을 했습니다. 하지만 가족이나 가까운 친척과 보내는 시간은 턱없이 적었습니다. 아버지 스콧은 아들이 일벌레와 같이 일하는 것을 두고 부드럽게 나무랐습니다.

아들아! 진짜 전문가는 말이다. 고객은 물론이고 가족도 잘 보살피는 사람이란다. [19]

---

19   William, *Benjamin Harrison*, 23재인용.

전쟁 참가

　남북전쟁이 발발했을 때 많은 북부인들은 남부동맹을 몇 주 혹은 몇 달 안에 패퇴시킬 수 있다고 생각했습니다. 그러나 1862년 봄이 되자 생각했던 것보다 전쟁은 오래 지속될 것이며 혹독한 어려움이 더할 것이라고 여겼습니다. 사실상 연방군은 버지니아주의 불런Bull Run [20]과 볼스 블루프Ball's Bluff전투 [21]에서 심각한 패배의 고통을 당했습

---

[20]　1861년 7월 초 연방군 사령관 어빈 맥도웰(Irvin McDowell) 장군이 경험이 없는 신병 약 3,500명을 데리고 불런강가를 통해 버지니아로 진격하다가 이른바 '돌벽(Stone wall)'으로 알려진 토머스 잭슨(Thomas J. Jackson) 장군의 남부동맹군에게 치욕적인 패배를 당했습니다. 버지니아의 렉싱턴을 비롯한 여러 곳에 세워져 있는 그의 동상은 2020년 여름에 벌어진 흑인들 중심의 인종차별주의자의 동상파괴 운동에 수난을 당하기도 했습니다. 북부는 주요 강을 중심으로 군을 편성하고 운영했고, 남부는 주요 지역을 중심으로 삼았습니다. 따라서 불런은 북부의 입장이며 매나시스는 남부의 입장입니다. James I. Robertson, Jr., *The Civil War*(Washington: U. S. Civil War Centennial Commission, 1963), 9.

[21]　링컨은 불런전투에서 패배한 맥도웰을 대신하여 당시 '젊은 나폴레옹'으로 알려진 조지 매클렐런(George B. McClellan)을 사령관으로 하여 전투에 임하도록 했습니다. 하지만 1861년 10월 말에 볼스블루프에서 벌어진 매클렐런의 최초 전투는 볼런전투 이상으로 패배를 기록했습니다.

니다. 기대했던 주요 장군들이 전쟁을 이끌었지만 연방군의 연이은 패배는 링컨과 연방군에게 심각함을 더해 주었습니다. 여차하면 전쟁에 패배할 수 있다는 생각이 들었습니다. 1862년 4월에 서부전선에서 율리시스 그랜트 Ulysses S. Grant 장군이 이끄는 연방군이 테네시주 실로에서 벌어진 전투에서 겨우 승리를 거두기는 했지만 영광의 상처는 너무나 컸습니다. 이틀간 벌어진 전투에서 양 군대는 무려 2,300명이 죽거나 부상을 입거나 실종되었습니다. 그해 봄이 지나면서 남부동맹군은 동부전선 주요 전투에서 연이은 승리를 거두었습니다. 불안해진 대통령 링컨은 7월에 다시 30만 명의 신병 모집에 나섰습니다. 바로 이때 벤저민 해리슨도 입대를 결정했습니다. 해리슨이 너무나 애지중지했던 변호사 일과 새로운 집의 마련은 한동안 뒤로 미루어야만 했습니다.

뜨거운 8월 중순에 대령 계급장을 단 벤저민 해리슨과 제70 인디애나연대는 인디애나폴리스를 출발하여 켄터키로 향했습니다. 오랜 행군 끝에 그들은 볼울링그린에 도착했는데 그곳에서 그들은 전투에 투입되기 위해 훈련을 받았습니다. 사실 해리슨은 대령 계급장을 달았지만 자신이 명령하고 있는 젊은 군인들과 같이 군에 대해서는 신참과 마찬가지였습니다. 그래서 그는 한동안 매일 밤 군

사전략을 공부하며 밤을 지새웠습니다. 그러면서도 해리슨은 사랑하는 아내 캐리에게 꼬박꼬박 편지를 보냈습니다.

항상 스스로에게 많은 것을 기대했듯이 해리슨은 부하들에게서도 많은 것을 기대했습니다. 해리슨이 지휘하는 연대의 역사를 기록한 새뮤얼 머릴Samuel Merrill은 다음과 같이 기록했습니다.

해리슨에게 군사훈련은 너무나 중요한 것이었습니다. 해리슨은 훈련이 없는 천 명의 군사라도 폭도보다 더 나을 것이 없다는 것을 알고 있었습니다. 해리슨의 목표는 전투가 벌어질 때 마치 하나의 영혼처럼 살아 움직이는 군대를 만드는 것이었습니다.[22]

군대 내에 술이 문제가 되었을 때 해리슨은 단호히 술을 금지시켰습니다. 그래서 해리슨은 부하들에게 인기 없는 대장이었지만 그럼에도 그는 많은 부하들로부터 존경을 받았습니다. 부하들에 대한 높은 기대감은 그의 연대가 첫 시험전투을 치렀을 때 온전히 보상받았습니다.

. **22**   William, *Benjamin Harrison*, 25-26재인용.

Copperheads

- People who opposed the Civil War

카퍼헤드

　　해리슨 연대는 연방의 철로와 다리를 파괴하는 임무를 맡은 남부동맹군 습격자들을 잡는 다소 사소한 임무를 맡았습니다. 이 임무를 위해 해리슨은 600명의 군인들을 동원하여 켄터키주의 러셀빌로 향했습니다. 도중에 남부동맹군과 소규모 전투를 치루는 일이 벌어졌는데 이 전투에서 남부동맹군은 35명이 사망했지만 해리슨 군은 단지 1명만 죽었을 뿐이었습니다. 레셀빌에 도착해 그들은 습격자들을 찾을 수 없었고 결국 기지로 귀환했습니다.

　　인디애나폴리스에서는 해리슨이 없는 틈을 타서 한 민주당원이 1862년 가을에 해리슨의 직책인 대법원 속기사에 출마해 당선되었습니다. 집으로부터 이 편지를 받은 해리슨은 몹시도 실망했습니다. 실망하는 대장을 보고 어떤 부하들은 군을 제대해 버리라고 격려하기도 했습니다. 사실 모든 북부인들이 전쟁을 지지한 것은 아니었습니다. 특히 '카퍼헤드Copperheads, 아메리카살무사'로 알려진 전쟁에 반대하고 남부와 협상을 통해 연방을 유지하고자 한 전쟁 반대 민주당원들은 연방군 패배의 뉴스를 이용하여 전쟁 반대 목소리를 냈습니다.

11월이 되자 해리슨 연대는 테네시주 갤러틴으로 오라는 명령을 받았습니다. 그들은 이제 곧 본격적인 전투에 임할 것이라 생각했습니다. 하지만 다시 한번 그들은 실망하지 않을 수 없었습니다. 12월 말에 대규모 연방군과 남부동맹군이 갤러틴이 아니라 머프리즈버러 근처의 스톤강에서 전투를 벌였습니다. 해리슨과 그의 연대는 하는 수 없이 다시 전투와는 상관없는 철로를 경비하는 일을 계속할 수밖에 없었습니다. 겨울이 다가오자 제70 인디애나연대는 혹독한 추위와 지루함과 전투를 해야만 했습니다.

그런 중에 캐리에게 보내는 해리슨의 편지는 따뜻함과 애정이 넘쳐흘렀습니다. 1862년 크리스마스이브에 아이들을 그리워하며 쓴 해리슨의 편지는 다음과 같습니다.

애들아! 나는 산타클로스가 너희들을 데리고 오리라는 높은 기대감에 벅차 있단다. 하지만 아빤 너희들과 함께 할 수 없구나. [23]

물론 편지에는 이별과 고통을 잘 참아 내는 아내에게 영웅과도 같다는 칭찬과 감사를 아끼지 않았습니다. 해리슨은 부하들에게 나도 집과 가족을 그리워하는 너희들과 똑같은 사람 중 하나라고 말을 해 부하들을 감동시키곤 했습니다.

드디어 전투 지휘

제70 인디애나연대는 구성된 후 1864년 초까지 줄곧 이렇다 한 중요 전투에는 투입되지 않았고 사소한 임무만

. **23** William, *Benjamin Harrison*, 27재인용.

수행하고 있었습니다. 그러나 1864년이 되면서 연방군은 펜실베이니아의 게티즈버그, 미시시피의 빅스버그, 테네시의 채터누가 등에서 남부동맹군을 퇴패시키면서 큰 승리를 거두었습니다. 제70 인디애나연대는 윌리엄 셔먼 William T. Sherman 장군의 지휘하에 벌어진 채터누가전투에 참가하라는 명령을 받고 드디어 전투에 투입되었습니다. 셔먼 장군의 목표는 조지아주로 패주하고 있는 남부동맹군을 추격하는 것이었습니다. 이제 해리슨과 그의 군대는 오랫동안 싸우지 못한 한을 풀 시간이 되었습니다.

　1864년 5월 13일 연방군은 채터누가와 애틀랜타 사이에 있는 작은 도시인 레사카에서 남부동맹군과 치열한 교전을 벌이고 있었습니다. 해리슨과 그의 부하들은 '싸우는 조 Fighting Joe'라는 별명을 가진 조셉 후커 Joseph Hooker 장군의 명령을 받고 있었습니다. 이틀 동안의 연이은 치열한 전투에도 불구하고 연방군은 시를 점령할 수가 없었습니다. 드디어 해리슨은 자신의 연대가 5월 15일에 최초로 진정한 전투를 할 수 있겠다고 생각했습니다. 밤이 되자 그는 아내 캐리에게 다음과 같은 편지를 썼습니다.

　나는 당신과 우리 아이들을 많이 그리워하고 있어요. 따뜻함과 사랑이 넘치는 당신에게 달려가고 싶은 심정이랍니다. 이 밤을 새우면서 하나님께 기도합니다. 당신이 남편을 잃고 아이들이 아버지를 잃지 않도록 말입니다. [24]

다음 날 해리슨은 습지로 이루어진 협곡과 나무가 빽빽한 언덕으로 잘 방어하고 있는 남부동맹군을 공격하라는 명령을 받았습니다. 이 명령을 받자마자 해리슨은 모자를 벗어 흔들며 부하들에게 폭풍 같은 총탄이 쏟아지는 언덕을 향해 진격하라고 명령했습니다. 해리슨의 명령에 부하들은 동료들이 쓰러짐에도 불구하고 총알이 쏟아지는 전선을 향해 담대하게 진격해 들어갔습니다. 그동안 준비한 훈련이 이제야 효력을 발휘하는 순간이었습니다.

해리슨의 공격은 진퇴양란의 전투에서 연방군에게 승리의 서광을 비춰 주었습니다. 마침내 남부동맹군이 후퇴하기 시작했고 연방군은 레사카를 지나 남부로 더욱 공격해 들어갔습니다. 이 공격은 남부동맹의 전쟁물자 공급라인을 위협했기 때문에 연방군에게 대단히 중요한 승리였습니다. 후커 장군은 해리슨에게 '아주 훌륭한 공격'을 했다고 칭찬했습니다. 해리슨은 직속 상관뿐만 아니라 부하들로부터 존경을 받고 대단히 기뻐했습니다. 후에 그는

---

24   William, *Benjamin Harrison*, 28재인용.

전쟁터의 해리슨

이 전투에 참가한 부하들을 다음과 같이 칭찬했습니다.

나는 엄청난 위험에도 불구하고 목숨을 아끼지 않은 부
하들의 용감함에 그들을 사랑하지 않을 수 없었습니다. [25]

연방군이 애틀랜타 가까이 있는 남부동맹군을 공격해
들어갈 때 해리슨은 부하들과 함께 뉴호프교회와 골고다
교회부근에서 치열한 전투를 벌이고 있었습니다. 이 전투
에서 해리슨은 많은 부하들을 잃었습니다. 연방군 군의관

. **25**   William, *Benjamin Harrison*, 29재인용.

들이 6월 전투가 벌어지는 동안 본대에서 부상자들을 분리해 해리슨 연대에서 돌보았습니다. 해리슨은 군의관들과 함께 부상당한 부하들을 돌보며 그들의 상처를 어루만져 주었습니다.

7월이 되자 드디어 애틀랜타로 진격할 수 있는 길이 열렸습니다. 남부동맹군은 애틀랜타시로부터 단지 3마일 떨어진 곳으로 동부에서 서부로 흐르는 작은 강인 피치트리 크릭을 건너 후퇴를 거듭했습니다. 해리슨의 제70 인디애나연대가 소속되어 있는 컴벌랜드 연방군이 그 크릭을 건너 방어진지를 구축했습니다. 해리슨은 부하들로 하여금 골짜기에 진을 치게 하고 나서 자신은 말을 타고 작은 언덕을 올라 주위 상황을 살펴보았습니다. 그때 갑자기 그는 언덕까지 겨우 ¼마일 거리로 자신이 적에게 무방비 상태로 노출되었음을 알았습니다. 말하자면 남부동맹군이 연방군 전선을 향해 완벽하게 진격해 올 수 있는 거리였습니다. 위기를 벗어나기 위해 어떤 조치를 취하기 전에 이미 남부동맹군은 무방비 상태의 언덕을 향해 첫 번째 공격을 감행했습니다. 해리슨은 부하들에게 언덕을 향해 진격하라고 명령했습니다. 곧 양 군대는 서로가 너무 가까워 총을 쏠 수가 없어 백병전을 벌였습니다. 피와 살이 상접하는 전투가 끝난 후 남부동맹군이 물러났습니다. 해리슨의 부하들은 이 첫 번째 공격을 물리친 공적으로 큰 명예를 얻었습니다. 후커 장군은 이 날의 공훈으로 해리슨에게 준장 계급을 줄 것을 추천했습니다.

전쟁 끝

이 전투가 끝나자마자 해리슨은 인디애나폴리스로 돌아가야 한다고 충고를 받았습니다. 가을에 그곳은 정치의 시간이었고 여러 선거운동에서 해리슨이 필요했기 때문이었습니다. 인디애나폴리스로 돌아온 해리슨은 인디애나주 전체에서 대통령에 링컨이, 주지사에 몰턴이, 그리고 자신은 대법원 속기사직에 다시 당선되도록 도왔습니다. 승리연설에서 해리슨은 전쟁을 반대했던 카퍼헤드들을 강하게 비난했습니다. 반면 그는 연방을 위해 싸운 아프리카계 미국인들의 도움과 노고를 격찬했습니다.

조지아에 주둔하고 있는 자신의 연대로 돌아가기 전에

그랜트   로버트 리

해리슨은 남부동맹의 공격을 대비하여 테네시주 내슈빌을 방어하고 있는 연방군의 한 연대를 지휘하도록 명령받았습니다. 해리슨이 지휘한 연방군은 12월 중순에 시 남쪽에서 전투를 치렀고 대대적인 승리를 거두었습니다. 이후 해리슨은 곧바로 자신의 제70 인디애나연대와 만나 셔먼 장군의 군과 함께 조지아주를 지나 사바나를 점령하고 곧 사우스캐롤라이나주로 진격해 들어갔습니다. 남부동맹군은 패주했습니다. 1865년 4월 초 연방군은 남부동맹의 수도인 버지니아 리치먼드를 포위했습니다. 곧 남부동맹군의 사령관 로버트 리 Robert E. Lee 는 연방군 사령관인 그랜트에게 무조건 항복을 했습니다. 그 후 소규모 전투가 있었지만 사실상 전쟁은 끝이 났습니다.

국민을 불행하게 만든
대통령들 10인 시리즈
벤저민 해리슨

03

대통령이 되기 위한
길을 가다.

평화기

　1865년 4월 남부동맹이 항복을 하고 난 지 얼마 지나지 않아 대통령 링컨이 암살당했습니다. 대통령의 죽음은 국민들과 연방군으로 하여금 미처 하지 못한 전쟁 승리의 축하와 추도식을 동시에 하도록 만들었습니다. 링컨이 죽자 부통령 앤드류 존슨Andrew Johnson이 대통령으로 승격했습니다.

　5월이 되자 연방군은 수도 워싱턴에 집결했습니다. 그들이 군대를 해산하고 고향으로 돌아가기 전에 '대규모 평가대회Grand Review'를 열기 위함이었습니다. 이틀 동안이나 그들은 열광하는 군중들을 지나 행진했습니다. 새 대통령과 내각인사들은 특별관람석에서 이 광경을 지켜보았습니다. 해리슨의 제70 인디애나연대도 다른 군인들과 함께 행진했습니다. 윌리엄 셔먼 장군이 군인들에게 다음과 같은 말로 치하했습니다.

　전쟁기에 훌륭한 군인이었던 것처럼 여러분은 평화기에

훌륭한 시민이 될 것입니다. [26]

다른 군인들과 마찬가지로 이제 31살이 된 벤저민 해리슨 역시 일반시민으로 돌아왔습니다. 하지만 전쟁기의 경험은 많은 것을 변화시켰습니다. 해리슨은 치열한 전투 중에 죽음에 직면한 자신의 부하들과 전투 후 부상치료를 하거나 사망한 부하들을 결코 잊지 않았습니다. 해리슨은 지휘자로서의 경험을 통해 많은 지도력을 습득했습니다. 그는 자신과 함께 싸운 부하들과 지속적인 결속을 다졌습니다. 해리슨은 일생 동안 남북전쟁 퇴역군인들의 강건한 지지자였습니다.

다른 퇴역군인들과 같이 해리슨은 전쟁 동안 잃어버린 시간을 보상하기로 마음먹었습니다. 3년 동안 해리슨의 가족은 군인봉급만으로 생활 해야만 했습니다. 더더욱 그들은 아직도 친척들과 함께 살고 있어 복잡하기 짝이 없었습니다. 아들 러셀은 이제 11살이었고 딸 마미는 7살이 되었습니다. 거기에다 해리슨은 동생들을 돌봐야 했으며 특히 결핵에 걸린 형 어윈을 보살펴야 했습니다. 벤저민 해리슨은 1870년 형 어윈이 죽었을 때 몹시도 슬퍼했습니다.

. **26**   William, *Benjamin Harrison*, 35재인용.

남북전쟁 대규모 평가대회

해리슨은 캐리에게 이제부터 가족들에게 더 많은 신경을 기울이겠다고 약속했습니다. 하지만 또다시 해리슨은 일 속에 파묻혀 살았습니다. 그는 대법원 속기사직과 변호사 일에 더욱 몰두했습니다. 이전보다 수입은 늘어 갔지만 풍족할 정도는 아니었습니다. 오래 지나지 않아 해리슨은 일에 지쳐 갔습니다. 그는 속기사직을 그만두고 변호사 일에 집중하기로 결심했습니다.

비록 공직 일에서는 벗어났지만 그럼에도 해리슨은 공화당의 다양한 정치행사에는 적극적으로 참여했습니다. 수많은 쟁점들, 특히 재건문제를 두고 벌어진 뜨거운 논쟁은 시작도 하기 전에 폭발할 지경이었습니다. 해리슨은

'공화당 급진파Radical Republicans' [27]와 노선을 함께했습니다. 공화당 급진파들이 그랬듯이 해리슨은 남부 주들은 비록 연방 군대를 파견하여 군정을 실시하더라도 아프리카계 미국인들의 권리는 강화해야 한다고 생각했습니다. 그는 노예들은 좀더 나은 교육을 받아야 하며 그들 역시 선거권을 가지고 정부 일에 참여할 수 있는 권리를 가진 완전한 시민이 되어야만 한다고 생각했습니다. 1866년 중간선거에서 공화당 급진파들은 압도적으로 승리했습니다. [28] 물론 공화당 당선자들이 모두 급진파는 아니었지만 당 내 대세는 급진파들이 장악하고 있었습니다. 의회 권력을 장악한 공화당 급진파들은 남부에 군정을 실시하는 등 '거친 재건harsh Reconstruction' 정책을 실시해 나갔습니다

---

27 가장 대표적인 사람들은 국무장관 윌리엄 시워드(William Seward), 펜실베이니아 연방 하원의원 테디우스 스티븐스(Thaddeus Stevens), 전쟁관관 에드윈 스탠턴(Edwin Stanton), 매사추세츠 주지사 벤저민 버틀러(Benjamin Butler) 등입니다.

28 1866년 하원에서는 공화당이 173석을, 민주당이 47석을 차지했으며 상원에서는 공화당이 57석을, 민주당이 9석을 차지했습니다. 전통의 민주당은 프랭클린 피어스(Franklin Pierce) 대통령(1852~1866) 이후 분리되기 시작하여 남북전쟁을 고비로 미국 정치계에서 소수당을 면치 못했습니다. 전쟁 이후 1912년 민주당의 우드로 윌슨(Woodrow Wilson) 대통령이 당선되기까지 공화당이 다수당으로 미국 정치를 장악했습니다. 단지 1884년과 1892년 선거에서 그로버 클리블랜드(Grover Cleveland)가 민주당 후보로 당선되었을 뿐이었습니다. 공화당이 우위를 차지하는 시대에 민주당 후보가 당선된 이유 중 하나는 작가 마크 트웨인(Mark Twain)이 이야기하는 '도금시대(Gilded Age)'의 부패 때문이라 할 수 있습니다.

다.[29] 1868년 대통령 선거에서 연방군 총사령관이었던 그랜트 장군이 공화당 급진파들의 지지를 받고 대통령에 당선되었습니다.

밀리건 소송사건

행정부는 물론 입법부를 장악한 공화당의 여러 일을 관여하고 있었던 해리슨은 자신의 법률회사가 그랜트 행정부의 여러 중요한 임무를 담당할 수 있도록 했습니다. 그런 일 중 가장 중요한 사건은 '밀리건 소송사건Milligan Case'이었습니다. 해리슨은 램버딘 밀리건Lamberdin Milligan에 의해 제기된 소송에서 정부와 인디애나주 출신의 연방군

. **29**　공화당 급진파들의 거친 재건정책은 공화당을 살리고 미국을 살린 에이브러햄 링컨의 재건정책과는 완전히 다른 것이었습니다. 말하자면 1863년 12월 전후 남부를 재건하는 계획인 '10% 안'을 발표하고, 1865년 두 번째 취임사에서 '아무도 미워하지 맙시다. 자비를 가지고 대합시다'로 요약할 수 있는 링컨의 관용정책과는 완전히 상반된 것이었습니다.

램버딘 밀리건

장교들을 변호하도록 요청받았습니다.

인디애나주에서 살고 있는 밀리건은 전쟁을 반대한 민주당원으로 남부동맹을 지지하는 비밀조직인 '자유의 아들들 Sons of Liberty'의 회원이었습니다. 그는 전쟁이 한창일 때 체포되어 군사위원회에 재판을 받고 반역혐의로 기소되어 오하이오에 있는 감옥에 투옥되었습니다. 전쟁이 끝나자 밀리건은 군사위원회는 자신을 재판할 수 있는 권한이 없으며 어떠한 경우라도 재판은 정규적인 민간법원이 주도해야만 한다고 주장하며 자신의 석방을 청구하는 소송을 재기했습니다. 1866년에 연방대법원은 밀리건의 주장을 인정하며 그를 석방했습니다.

1871년에 미리건은 한발 더 나아가 자신을 체포하고 기소시킨 연방군 장교를 상대로 소송을 제기하면서 부적절한 기소와 투옥에 대해 10만 달러의 손해배상을 청구했습니다. 그의 변호사는 일찍이 록빌에서 해리슨과 토론했던 민주당 후보 토머스 핸드릭스였습니다. 이에 그랜트 행정부는 해리슨에게 장교들과 정부를 변호할 것을 요청했습니다.

해리슨은 밀리건이 유리하다는 것을 알았습니다. 하지만 동시에 장교들 역시 강한 이점이 있다는 것을 알고 기꺼이 변호를 맡았습니다. 해리슨은 배심원들에게 당시 인디애나주는 위험스럽기 짝이 없는 전쟁 상태임을 상기시키고 밀리건을 기소시킨 장교들의 애국심을 강조했습니다. 또한 당시 밀리건이 지지한 반역적 활동을 조목조목 밝히면서 밀리건이 헌법을 보존하기 위한 전쟁에서 싸우기를 거부했다가 이제 와서 그 헌법의 보호를 주장하고 있다고 지적했습니다. 배심원들은 양측에게 유리한 몇몇 평결을 내놓았습니다. 소송은 전체적으로 밀리건에게 유리했지만 정부와 장교들은 단지 5달러의 손해배상만 하면 되는 평결이었습니다. 연방 장교들을 위한 해리슨의 능숙한 변호는 그에게 인디애나는 물론이고 주의 경계를 넘어 폭넓은 지지와 칭찬을 가져다 주었습니다.

공화당의 부패

벤저민 해리슨이 인디애나주 법원에서 열심히 일하는 동안 워싱턴의 공화당 행정부는 먹구름 속에 휩싸이고 있었습니다. 당시 공화당 행정부는 북부주의 시민들뿐만 아니라 야심 찬 기업 리더들로부터 폭넓은 지지를 얻고 있었습니다.

기업 리더들 중 많은 사람들이 정부와 직간접적으로 함께 일을 하고 있었으며 이들은 하나같이 정부를 통해 자신들의 이익을 취하는 길을 모색했습니다. 그랜트 행정부 8년 동안 기업인들이 정부 공무원들에게 뇌물을 주고 계약을 성사시켜 막대한 이익을 취한 사실이 하나씩 폭로되기 시작했습니다.

어떤 기업인들은 정책을 교묘히 이용하여 토지 무상 불하와 다른 이권을 챙겨 갔습니다. 그랜트 자신은 정직했지만 얼마 지나지 않아 그가 임명한 공화당 인물들은 지위를 이용한 막대한 돈으로 점점 부자가 되어 갔습니다.

어떤 몰이배는 거의 백만장자가 되었습니다. [30]

1872년이 되자 벤저민 해리슨은 인디애나주지사 후보로 자주 거론되었지만 적극적으로 추진하지는 않았습니다. 결국 공화당 인디애나주지사 후보는 톰 브라우니Tom Browne에게 넘어갔고 그는 해리슨의 오랜 정적인 민주당 출신 토머스 핸드릭스에게 패배했습니다. 당시 해리슨은 공직에 출마하는 것이 썩 내키지 않았습니다. 자신이 속해 있는 공화당의 부패에 대한 부정적 시각도 있었지만 보다 근본적인 이유는 사랑하는 아내와 아들을 돌보는

---

[30]   Nathan Miller, *Star-Spangled Men: America's Ten Worst Presidents*, New York: TouchStone, 1998, 김형곤 옮김, 『이런 대통령 뽑지 맙시다』, 혜안, 2002, pp: 180-218. 대표적인 부정부패사건은 다음과 같습니다. 자본가이자 금융투기업자로 유명한 제이 굴드(Jay Gould)와 존 피스크(John Fisk)의 금시장 매점매석사건, 그랜트 대통령의 군 동료인 존 로린스(John Rawlins), 벤 버틀러(Ben Butler), 개인비서인 오르빌 밥콕(Orville E. Bobcock)의 산토도밍고 합병 사기사건, 부통령인 슐러 콜팩스(Schuyler Colfax)와 당시 하원의장이자 후에 대통령이 되는 제임스 가필드(James Garfield)가 연루된 크레딧 모빌리어(Credit Mobilier) 사기사건, 전쟁장관 윌리엄 벨크넙(William Belknap)의 뇌물사건, 해군장관 조지 로베슨(George Robeson)의 뇌물사건, 내무장관 콜럼버스 델라노(Columbus Delano)의 부정이득사건, 재무장관 윌리엄 리처드슨(William Richardson)의 부정이득사건, 심지어 최전선에서 법을 지켜야 하는 법무장관 조지 윌리엄스(George Williams)의 뇌물사건, 처남 제임스 케이시(James Casey)의 관세청 뇌물사건, 브라질 주재 미국 대사 제임스 웹(James Webb)의 부정이득사건, 영국주재 미국 대사인 로버트 센크(Rober Scenck)의 은광 사기사건, 위스키 도당(Whiskey Ring)으로 알려진 양주업자들의 거액 세금 포탈사건 등 그랜트 행정부의 부정부패 사건은 끝도 없었습니다. 그 결과 용인한다는 뜻의 'grant'가 나중에는 부패주의를 뜻하는 'grantism'으로 해석되었습니다

해리슨의 집

일에 마음이 가 있었기 때문이었습니다. 하지만 해리슨은 겉으로 드러난 모습보다는 훨씬 야심적인 사람이었습니다. 해리슨은 겉으로는 주지사 후보직을 적극 추진하지 않았지만 내심 그것을 원한 것으로 밝혀졌습니다.

그러던 중 1873년에 심각한 경기침체가 온 나라를 덮쳤습니다. 그러나 해리슨과 그의 법률회사는 더욱 번창해 갔습니다. 상당한 돈을 번 해리슨 부부는 1875년에 인디애나폴리스 노스델라웨어거리에 넓은 새 집을 지었습니다. 그들의 오랜 꿈이 실현되는 순간이었습니다. 이제 해리슨 부부는 사교모임을 하며 많은 사람을 접대하거나 교회모임을 할 수 있을 정도로 넓은 집을 가지게 되었습니다.

또한 고객을 만나 소송을 준비할 수 있는 넓고 편안한 사무실도 가지게 되었습니다. 오늘날 해리슨 부부가 건축한 집은 23대 미국 대통령의 삶과 시대를 회고할 수 있는 박물관으로 활용되고 있습니다.

주지사 출마

1876년에 해리슨은 또다시 주지사 후보로 거론되었습니다. 그러나 해리슨은 후보 지명을 추진하기를 공식적으로 거부했습니다. 하는 수 없이 공화당은 연방 하원의원 출신인 고드러브 오스Godlove Orth를 지명했고 그는 민주당 후보로 '블루진Blue Jeans'이라는 별명을 가진 제임스 윌리엄스James Williams를 상대로 선거전에 돌입했습니다. [31]

하지만 선거운동 기간 공화당 후보 오스는 정치적 부

. **31** 사실 윌리엄스는 키가 크고 잘생기지 못한 사람으로 청바지 차림으로 선거운동을 한 에이브러햄 링컨을 연상케 하는 모습이었습니다.

패사건에 연루된 사실이 폭로되면서 후보를 사퇴했습니다. 결국 주지사 출마에 큰 관심을 나타내지 않았음에도 불구하고 공화당은 해리슨에게 마음을 돌렸습니다. 해리슨은 이번에는 적극적으로 공천을 받아들였습니다. 민주당 후보 윌리엄스는 즉시 후보 해리슨이 귀족을 상징하며 유권자들과 가깝게 지내는 것을 꺼린다는 의미로 '키드장갑kid-glove'을 낀 후보자라 비난했습니다.[32] 어린 양가죽으로 만든 장갑은 값이 고가여서 부자들만이 낄 수 있는 것이었기 때문에 해리슨을 이에 비유한 것이었습니다. 이를 들은 해리슨은 윌리엄스를 촌스러운 '블루진'이라고 비난했습니다.

해리슨의 자극적인 연설은 유권자들의 마음을 흔들어 놓았습니다. 특히 그 당시 다른 공화당 후보자들처럼 해리슨 역시 '피의 셔츠Bloody Shirt'를 흔드는 전법으로 남북전쟁에서 연방을 지키기 위해 희생한 공화당을 기억하기를 원했습니다. 해리슨은 아픈 손을 보호하기 위해서 다가오는 유권자들과의 악수를 거부했지만 유권자들은 윌리엄스의 주장대로 해리슨이 냉담하기 때문에 그런 것이

---

[32] 선거운동을 하며 해리슨은 장갑을 끼고 다녔는데 이는 유행에 민감하거나 윌리엄스 측의 공격처럼 귀족적이어서가 아니라 어릴 때 상처로 감염된 손을 보호하기 위해서였습니다.

라 생각했습니다. 해리슨은 역시 그랜트 행정부 말기 더욱 노정되어 터져 나오는 공화당의 부패와도 싸워야 했습니다. 민주당은 남북전쟁 이전부터 멀어져 갔던 민심을 점점 회복해 갔습니다.

인디애나주지사 선거는 너무나 박빙이어서 선거가 끝나고 승자를 공표하기까지 무려 3일이나 걸렸습니다. 결국 민주당의 윌리엄스가 단지 5천 표 차로 승리했습니다. 해리슨은 당당히 패배를 인정하고 인디애나폴리스의 법률회사로 돌아왔습니다. 비록 패배했지만 주지사 선거는 해리슨은 인디애나주 공화당의 리더로 거듭나게 해 그의 정치적 입지를 단단하게 만들어 주었습니다.

노동 변호사

1877년에 전국적으로 철도파업이 일어났습니다. 특히 동부지역의 철도 노동자들은 임금이 삭감되었고 일자리에서 해고되었습니다. 전국의 철도 노동자들이 동조파업에 들어갔습니다. 결국 순식간에 볼티모어에서 샌프란시스코까지 철도역이 있는 모든 곳에서 파업자들과 주 민병대원들 사이에 피의 충돌이 발생했습니다.

7월이 되자 인디애나폴리스의 철도 노동자들도 일자리를 떠나 철도차량을 분리시키고 차량기지를 점령했습니다. 공공시설이 운영을 중지하자 지역 당국은 파업을 중단시키고 상태를 정상으로 돌려야 했습니다. 하지만 주지사윌리엄스는 자신을 지지해 준 노동자들로부터 표를 잃을까 두려워하고 있었습니다. 벤저민 해리슨과 시의 다른 리더들은 시민봉사단체를 구성하여 질서를 회복시키는 일을 했습니다. 해리슨은 파업자들은 물론 철도회사 소유주들의 불만을 듣기 위한 특별위원회를 구성하기 위해 힘썼습니다. 해리슨은 노동자들에게 일자리로 복귀하고 법을 지키도록 충고했습니다. 더불어 그는 특별위원회에게적정수준에서 임금을 올려 주도록 조언했습니다. 두려움을 낳았던 폭력과 혼란이 순식간에 사라졌습니다. 이에인디애나폴리스의 대부분의 시민들은 해리슨이야말로진정한 자신들을 대표할 수 있는 리더라고 생각했습니다.

그해 말 인디애나주 공화당의 핵심 인물로 주지사를지냈고 당시는 연방 상원의원이었던 올리버 몰턴Oliver

해이스   가필드

Moron이 사망했습니다. 몰턴은 오랫동안 공화당 내 해리슨의 정치적 라이벌이었습니다. 그런 만큼 몰턴의 죽음은 인디애나주에서 해리슨에게 정치적 입지를 넓게 해주는 결과를 가져왔습니다. 1879년 당시 대통령이었던 루더포드 해이스Rutherford B. Hayes는 해리슨을 미시시피강 위원회 Mississippi River Commission의 위원으로 발탁했습니다. 이 위원회는 위대한 강을 탐사하고 내륙과 내해를 항해하기 위한 통로를 찾으며 나아가 홍수를 대비하는 임무를 담당하는 곳으로 최근에 구성된 정부주도의 조직이었습니다. 해리슨은 7명의 위원 중 현직 군 장교나 엔지니어가 아닌 유일한 민간인 신분이었습니다.

상원의원 해리슨

1880년에 해리슨은 대통령에 도전하는 제임스 가필드 James Garfield의 당선을 위해 최선을 다해 선거운동에 임했습니다. 대통령에 당선된 가필드는 보답으로 해리슨에게 내각 장관직을 제안했습니다. 하지만 해리슨은 대통령의 제안을 거절하고 대신 인디애나주 연방 상원의원에 출마하고자 했습니다. 당시 연방 상원의원은 주 입법부에서 선출하는 것으로 되어 있었기 때문에 인디애나주 입법부는 해리슨을 6년 임기의 상원의원으로 선출했습니다.[33] 이로써 해리슨은 지역 정치인에서 전국적 정치인으로 거듭남과 동시에 당시 오랫동안 자신을 괴롭혀 온 경제문제도 해결했습니다. 아이들은 성인이 되어 있었고 해리슨의 법률회사는 인디애나주에서 가장 성업 중인 사무실로 변모했습니다. 해리슨은 사무실을 다른 사람에게 맡기고 자유롭게 워싱턴으로 갈 수 있었습니다.

---

[33] 연방 상원의원과 연방 하원의원의 선출은 1912년 헌법 수정조항 제17조가 통과되기까지 주 입법부에서 선출했습니다.

상원의원이 된 해리슨은 1년 동안 침묵하며 다른 의원들의 말을 듣고 많은 것을 배웠습니다. 인디애나주민들뿐만 아니라 다른 주 사람들 수백만 명이 해리슨에게 찾아와 정부공직을 부탁했습니다. 해리슨은 대부분의 하부공직은 '엽관제도Spoils System'에 입각하여 대통령을 배출한 정당의 보스들이 나누어 주는 것이라는 것을 알고 있었지만 이 정도일 줄은 몰랐습니다. 법을 만드는 입법부의 초선의원으로의 생활을 하면서 해리슨은 끊임없는 논쟁과 갈등을 경험하고 적지 않은 실망을 했습니다. 해리슨은 당시 불편한 심정을 한 친구에게 다음과 같이 말했습니다.

나는 법안을 통과시키거나 막는 일에 있어 가혹한 거래를 하지 않을 수 없다는 것을 알았어. 나는 말이야! 그런 것을 소화시킬 수 있는 좋은 위장을 가지고 있지 못해. [34]

하지만 상원의원으로서의 생활이 익숙해지자 해리슨은 남북전쟁의 퇴역군인들을 위한 연금제도 도입의 적극적인 옹호자가 되었습니다. 가필드가 대통령에 취임하고

● **34** William, *Benjamin Harrison*, 45재인용.

7개월이 채 되지 않았을 때 공직을 추구했으나 마음대로 되지 않았던 불평분자인 찰스 기토Charles J. Guiteau에 의해 암살당했습니다. 자연적으로 부통령이었던 체스터 아서 Chester Arthur가 대통령에 승격되었습니다. 하지만 아서는 뉴욕항 관세징수원으로 공화당의 정치보스들의 말을 고분고분 듣던 이전의 아서가 아니었습니다. 아서는 대통령으로서 자신이 무엇을 해야만 하는가를 고민했고 그 결과 부정부패와 보스정치의 산실인 '엽관제도'를 없애고자 했습니다. 아서는 공화당 정치보스들의 강력한 반대에도 불구하고 시험을 통해 공무원을 선발하는 제도인 '펜들턴 공무원 개혁법Pendleton Civil Service Reform Act'을 강력하게 추진했습니다. 남북전쟁 이후 공화당의 시대가 계속되고 있었음에도 불구하고 1884년 대통령 선거에서 민주당의 그로버 클리블랜드가 당선되었습니다. [35] 대통령에 당선된 클리블랜드는 연방 상원의 주도로 남북전쟁에서 입은 상처라고 거짓말하는 사람들에게 연금을 주도록 한 여러 법안들에 서명하지 않았습니다. 당시 해리슨은 상원의원이자 변호사로 수천 명의 정직한 퇴역군인들을 변호하면

---

[35] 결국 공화당은 현직인 아서를 버리고 당 정치보스인 메인 주의 제임스 블레인(James Blain)을 후보로 내세웠지만 민주당 후보 클리블랜드에게 패배했습니다.

서 이와 관련된 소송 건을 담당하여 1886년에 전국적으로 명성을 날렸습니다.

민주당의 클리블랜드가 대통령이 되자 정부에서 일하고 있었던 공화당 지지자들이 민주당을 지지하는 사람들에게 일자리를 빼앗겼습니다. 비록 아서가 공무원 선발 시험제도인 펜들턴법을 만들었지만 아직은 법의 시행이 요원했습니다. 이런 와중에 우체국의 일자리를 빼앗긴 남부 인디애나주에 살고 있는 죽은 퇴역군인의 미망인과 관련된 사건이 세간의 관심을 끌었습니다. 최상의 웅변기술을 동원하여 해리슨은 스스로 생계를 유지할 방법이 없다고 주장하는 미망인으로부터 온 편지를 연방 상원에서 읽었습니다. 편지에는 좀더 자극인 말이 적혀 있었습니다.

정부가 남편을 죽게 만들고 겨우 생계를 유지하는 미망인으로부터 경제권을 빼앗는 것은 '국가적 수치'입니다. [36]

해리슨의 이 행동은 전국적인 뉴스가 되었습니다. 다시 한번 해리슨이라는 이름을 전국적으로 인식시키는 계기가 되었습니다.

36　William, *Benjamin Harrison*, 47재인용.

클리브랜드

　관세는 민주당과 공화당이 서로 다른 관점에서 추진했던 가장 대표적인 문제였습니다. 해리슨을 비롯한 대부분의 공화당원들은 미국으로 수입되는 상품에 부과하는 고율관세는 국민들로 하여금 국내에서 생산된 상품들을 사도록 함으로써 기업과 노동자들을 보호하는 것이라 주장했습니다. 그들은 만약 값싼 외국 상품이 미국 시장에 마음대로 유통될 경우 기업은 망하게 될 것이고 노동자들은 소중한 일자리를 잃게 될 것이라 주장했습니다. 반면에 대통령 클리블랜드와 대부분의 민주당원들은 고율관세는 미국 기업들이 외국 상품과 경쟁을 하지 않기 때문에 국내 상품이 높은 가격을 유지할 것이라 믿었습니다. 그래서 클리블랜드는 저율관세는 국내 상품의 가격을 낮

출 것이라 주장했습니다. 클리블랜드는 관세를 저율로 하고자 했지만 의회를 장악하고 있던 공화당은 의회에서 사사건건 대통령을 반대했습니다.

1884년 대통령 선거에서 저율관세는 유권자들의 마음을 움직였습니다. 저율관세가 자신들이 사용하는 물품의 가격을 낮춘다는 데 마음이 갔던 것입니다. 민주당은 남북전쟁 이후 처음으로 24년 만에 백악관을 차지했습니다. 또한 민주당은 주 차원의 여러 공직에서도 많은 당선자를 배출했습니다. 뿐만 아니라 인디애나주에서 민주당은 주입법부마저 다수당을 차지하고 1886년까지 유지했습니다. 임기가 끝나 가고 있던 해리슨은 1887년 초 재선을 위해 노력했지만 민주당 우위의 주입법부에서 자신이 승리할 수 있는 기회가 거의 없을 것이라 판단했습니다. 하지만 선거가 다가오자 해리슨은 단지 1표 차로 패배했습니다. 임기가 끝나자 해리슨은 곧 인디애나폴리스의 델라웨어거리에 있는 자신의 집으로 돌아왔습니다.

1888년 대통령 선거

다시 대통령 선거가 다가오자 공화당 지도부는 '공화당의 시대'에 빼앗긴 백악관의 주인 자리를 되찾고자 절치부심했습니다. 공화당은 어느 후보가 현직 클리블랜드 대통령을 이길 수 있는가 고민을 거듭했습니다. 당시 공화당에서 가장 영향력 있는 인물은 연방 하원의장이자 상원의원을 지낸 제임스 블레인이었습니다. 블레인은 지난 대통령 선거에서 근소한 차이로 클리블랜드에게 패배했고[37] 많은 공화당원들은 그가 다시 후보가 되어야 한다고 생각했습니다. 하지만 개혁성향의 공화당원들은 블레인이 다시 후보가 되는 것을 반대했습니다. 블레인은 그랜트 행정부 때부터 정치보스로 여러 부패행위에 연루된 혐의를 받고 있었기 때문이었습니다.[38] 개혁성향의 공화

37　1884년 대통령 선거에서 클리블랜드는 48.85%의 지지를 받았고 블레인은 48.28%의 지지를 받았습니다. 말하자면 표 차이가 1%도 나지 않았습니다

38　가장 대표적인 부패 의심 사건은 대륙 간단철도를 건설하는 유니온 퍼시픽(Union Pacific) 회사가 거짓 사기 회사인 크레딧 모빌리어(Crédit Mobilier)를 세워 건설비용을 크게 늘리는 것으로 부당이득을 취했습니다. 애당초 동부지역 건설

블레인

당의 다수는 부패행위로부터 자유로운 새로운 후보를 찾고 있었습니다. 후보 지명을 위한 전당대회를 시작하기 전에 블레인은 스스로 이번 선거에 출마하지 않겠다고 선언하면서 다음과 같이 말했습니다.

내 생각에 최고의 주자가 될 사람이 있는데 그는 바로 벤저민 해리슨입니다. [39]

비용은 5천만 달러로 책정되었지만 유니온 퍼시픽 사는 9천 4백만 달러를 청구하여 막대한 부당이득을 취했고 이 사건에 블레인이 연루된 것으로 여겨지고 있었습니다.

[39] William, *Benjamin Harrison*, 48재인용.

당내 최고 주자의 추천과 더불어 해리슨이 상원의원 때 적극적으로 추진했던 고율관세에 대한 주장은 영향력 있는 기업인으로부터 많은 지지를 얻게 했습니다.

해리슨이 공화당 대통령 후보 지명을 위한 명단에 이름을 올렸습니다. 첫 번째 투표에서 해리슨은 상당한 힘을 과시했지만 후보 지명을 위한 표는 획득하지 못했습니다. 8번째 투표에서 해리슨은 마침내 필요한 표를 획득했고 공화당 대통령 후보 지명을 받았습니다. 전당대회는 전 프랑스 주재 미국 대사를 역임하고 뉴욕의 은행업자인 레비 몰턴Levi P. Morton을 부통령 후보로 지명했습니다.

당시 대통령에 출마한 대부분의 후보자들과 마찬가지로 현직 대통령 클리블랜드는 스스로를 위해 선거운동을 하지 않았습니다. 클리블랜드는 워싱턴에 머물면서 대통령의 업무를 계속했습니다. 반면 해리슨은 전 대통령인 제임스 가필드의 경우를 따랐는데 인디애나폴리스의 자신의 집에 머물러 있으면서 선거운동을 했습니다. 말하자면 유권자들에게 자신의 메시지를 전달하기 위해 다른 곳으로 여행을 하는 대신에 유권자들을 초대해 자신을 찾아오도록 만들었습니다. 1888년 여름과 가을에 펼쳐진 선거운동 기간에 수만 명의 사람들이 대통령 후보를 보기 위해 인디애나폴리스에 도착해 델라웨어거리나 근처

공원으로 모여들었습니다. 해리슨은 약 100개 이상의 단체에게 연설을 했습니다. 남북전쟁 퇴역군인들의 단체는 물론 할아버지를 생각나게 하는 티피카누 클럽_{Tippecanoe} _{Club} 같은 단체는 무려 회원이 2천명을 넘었습니다. 이번에는 필요한 경우 당 지도부와 다른 중요 지지자들을 일일이 만났습니다. 그러던 중 공화당은 해리슨의 대통령 당선을 위한 대담한 선거운동을 실시했습니다. 핵심 테마는 '보호_{protection}'였으며 이는 미국의 제조업을 보호하기 위한 고율관세의 중요성을 알리는 것이었습니다. 공화당이 찬성한 금본위제도는 당시 미국 기업들이 필요로 하는 보수적인 정책이었습니다. 또한 공화당은 남북전쟁 동안의 행적을 비교하면서 해리슨을 찬양하고 클리블랜드를 비난하는 선거운동 노래를 만들어 대대적으로 유포시켰습니다.

해리슨과 비교될 수 있는 것은 아무것도 없다.

오! 해리슨에게 무슨 일이 있었나?
그는 훌륭하다.
비교될 수 있는 것이 없다.
그는 훌륭하다.

벤은 용감하게 총알이 빗발치는
전쟁 터로 달려갔다.
반면 글로버 클리블랜드는 숨어서
대리인을 고용했다.
자! 해리슨에게 무슨 일이 있었나?
그는 훌륭하다. [40]

여기에 더해 공화당은 선거가 임박하자 거대한 '선거 볼campaign ball'을 특수 제작하여 인디애나폴리스로 가져왔습니다. 수천 파운드의 무게에 둘레가 42피트에 달하는 붉고 하얀 선거 볼은 메릴랜드로 가서 델라웨어, 뉴저지, 뉴욕, 펜실베이니아, 웨스트버지니아, 오하이오를 지나면서 선거운동을 하는 데 동원되었습니다. 만약 해리슨이 승리한다면 이 볼은 수도 워싱턴으로 굴러 오게 될 것이었습니다.

11월 6일 선거가 있은 후 해리슨은 집으로 돌아와 특별히 설치한 전선을 통해 선거 결과 뉴스를 기다렸습니다. 수요일 아침에 해리슨은 자신의 집이 있는 인디애나폴리스시에서 패배했다는 소식에 충격을 받았습니다. 하지만

---

40 William, *Benjamin Harrison*, 41재인용.

곧바로 인디애나주 전체에서 간신히 승리했다는 소식에 안도의 한숨을 돌렸습니다. 희망적인 것은 클리블랜드의 고향인 뉴욕주에서 승리했다는 것이었습니다. 실재 대통령을 선출하는 선거인단 투표는 '승자독식winner takes all'의 원칙을 따르기 때문에 인디애나와 뉴욕 주에서의 승리는 그가 대통령 선거에서 승리했다는 것을 의미했습니다. [41] 민주당에 실망스러운 것은 클리블랜드가 해리슨보다 일반투표에서 10만 표 이상을 더 획득했다는 데 있었습니다. 하지만 결과는 선거인단에서 승리한 해리슨의 승리였습니다. 벤저민 해리슨은 1889년 3월 대통령에 취임했습니다. 동시에 공화당은 상원과 하원에서 다수당을 차지하게 되었습니다.

대통령에 당선되자 수많은 충고와 요구사항들이 쏟아져 들어왔습니다. 내각과 핵심 자리에는 누구를 임명해야만 하고, 의회와는 어떤 관계를 유지해야 하며, 중요한 문제를 어떻게 다루어야만 하는가 등에 대한 것들이었습니다. 해리슨은 매일 쏟아져 들어오는 우편가방을 정리할 여러 비서를 고용해야 했습니다.

2월 25일 수천 명의 군중이 환호하는 가운데 해리슨은

. **41**　선거인단 투표에서 해리슨은 233표를 얻었고 클리블랜드는 168표를 얻었습니다.

해리슨의 선거 볼

특별열차를 타고 워싱턴으로 향했습니다. 떠나면서 해리슨은 자신의 동료인 인디애나주 주민Hoosiers, 인디애나 촌놈들에게 "나는 이 도시를 너무나 사랑합니다"라고 말하면서 일시적으로 이곳을 떠나는 것이라 말했습니다. 그러면서 마치 대통령직에 있으면서 일어날 일을 예언이라도 하듯이 다음과 같이 말했습니다.

나는 아마도 엄청난 외로움 속에서 이 나라 최고의 공무를 집행하게 될 것입니다. [42]

. **42**   William, *Benjamin Harrison*, 53재인용.

국민을 불행하게 만든
대통령들 10인 시리즈
벤저민 해리슨

04

대통령

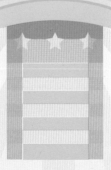

임명을 둘러싼 문제

벤저민 해리슨이 대통령에 취임한 1889년은 미국 대통령이 탄생한 지 100주년이 되는 해였습니다. 조지 워싱턴이 1789년에 처음으로 초대 대통령에 취임했던 것입니다. 또한 1889년은 할아버지 윌리엄 헨리 해리슨이 대통령에 취임한 지 48주년이 되는 해였습니다. 할아버지가 취임했을 때 그랬듯이 3월 초의 워싱턴 날씨는 춥고 비가 내렸습니다. 할아버지가 취임한지 한 달 만에 폐렴으로 사망한 것을 잘 알고 있는 벤저민 해리슨은 철저한 사전 준비를 했습니다. 그는 밖에서 진행되는 취임의식에 대비해 긴 내의를 입었습니다. 취임연설에서 해리슨은 자신이 가장 중요하게 여기는 핵심문제에 대해 윤곽을 제시했습니다.

보호관세에 관한 것, 일명 '트러스트trust'로 불리는 새로운 기업형태를 억제하는 것, 아프리카계 미국인에 대한 편견적 행위를 타파하기 위해 행동할 것, 세계에서 미국의 존재를 더 높이는 것, 그리고 미국 재무부에서 대규모 잉여금을 다

룰 것 등 [43]

해리슨은 하나님이 자신이 특별한 일을 하기를 원했기 때문에 주일학교 교사가 되도록 했다고 믿었습니다. 그래서 해리슨은 주일에 교회를 가고 예배를 보고 주일학교 교사 일을 하는 것은 실재적인 의미보다 형식이 더욱 중요한 것이라고 생각했습니다. 변호사로서 군인으로서 정치가로서, 더불어 대통령으로서 해리슨은 직책이 가지는 형식적인 의미를 더 특별하게 생각했습니다. 대통령이 된 것 역시 하나님이 자신이 특별한 일을 하기를 원했기 때문이라 생각했습니다. 해리슨은 공인으로서의 생활은 사적인 생활과 반드시 구분되어야 한다고 믿었습니다. 생각해 보면 공과 사의 구분은 너무나 당연하고 바람직한 것으로 보입니다. 하지만 해리슨의 공사 구분은 너무나 지나쳐서 자신이 중요하게 여기지 않는 일에는 찬바람이 불 정도로 냉담했습니다. 반면 자신이 중요하다고 여기는 일에는 지나치리만큼 철저했습니다. 해리슨은 대통령 일이 오로지 자신의 몫이라 여겼습니다. [44]

. **43**   Inaugural Address of Benjamin Harrison(March 4, 1889).

. **44**   김형곤, "벤저민 해리슨 대통령의 소통부재의 정치", 『서양의 역사와 문화 연구』 제48집(한국 세계문화사학회, 2018) 1-49재정리.

해리슨은 워싱턴에 도착하기 전에 대통령에게 조언하는 정부 부서의 책임자인 내각에 누구를 임명할 것인가를 결정했습니다. 특히 유력 주자였다가 대통령 도전을 포기하고 해리슨을 추천했던 공화당의 정치보스 제임스 블레인은 해리슨에게 자신을 국무장관으로 임명하고 다른 내각인사들도 공직에 추천하기를 원한다는 것을 알도록 만들었습니다. 사실 해리슨도 강력한 힘을 가진 블레인을 국무장관에 임명하기를 원하고 있었지만 1월이 되기까지 그에게 임명에 대해 아무런 말도 하지 않았습니다. 그래서 블레인은 대통령에게 다른 내각인사들에 대한 추천이나 지시를 할 수가 없었습니다.

블레인뿐만 아니라 공화당의 다른 정치보스들도 대통령에게 임명에 관한 조언을 했습니다. [45] 해리슨은 조언을 신중하게 들었지만 선거 전과는 달리 그들이 조언하는 인사들에 대해 별 관심이 없었습니다. 인사문제를 대하는 해리슨의 미지근한 태도는 공화당의 지도부를 화나게 만들었고 이는 대통령직 수행을 더욱 어렵게 만드는 이유가

---

45 가장 대표적인 정치보스들은 그랜트 대통령 때부터 오랫동안 뉴욕 정치계를 장악한 로스코 콩클링(Roscoe Conkling), 콩클링을 대신한 토머스 플랫(Thomas Platt), 윌리엄 트위드(William M. Tweed), 펜실베이니아의 매튜 키(Matthwe Quay), 인디애나 출신으로 아이오와에서 활동하고 있었던 제임스 클락슨(James S. Clarkson) 등이 유명합니다.

되었습니다. 그럼에도 공화당의 강력한 내부인사인 블레인은 국무장관에 임명되었고 필라델피아의 유명한 거부 기업인인 존 워너메이커John Wanamaker는 체신장관에 임명되었습니다. 워너메이커는 해리슨의 선거운동에 필요한 수만 달러에 달하는 선거자금을 모금한 인물이었습니다. 대통령에 당선된 후 해리슨은 워너메이커와 가깝게 지냈습니다. 사실 해리슨이 워너메이커를 체신장관에 임명한 이유는 체신장관이 엽관제도에 입각하여 우체국은 물론 다른 정부기구에서 일하는 사람들을 임명하는 권한이 있었기 때문이었습니다. 해리슨은 앞서 민주당의 클리블랜드 대통령이 엽관제도에 입각해 여러 공직의 공화당원들을 해고하고 그 자리를 민주당원으로 채운 것을 가슴아파했습니다. 해리슨은 자신과 가까운 워너메이커를 체신장관에 임명함으로써 이 문제를 해결하고자 했던 것입니다. [46] 해리슨은 다른 내각에는 자신이 판단하건대 능력 있는 사람이지만 명성이 덜한 공화당원으로 채웠습니다. [47] 그런 만큼 해리슨의 인사는 많은 논란을 낳았습니다.

---

[46] 김형곤, "벤저민 해리슨 대통령의 소통부재의 정치", 1-49. 해리슨이 대통령이 되어서도 지나칠 정도로 인사문제에 집착한 데는 그가 상원의원 시절에 주로 했던 일이 엽관제도에 입각한 인사문제를 다루는 일이었던 것과 무관하지 않습니다.

[47] 해리슨은 재무장관에 자신의 오랜 친구인 윌리엄 윈덤(William Windom)을, 전쟁장관에 부유한 산업자본가 출신의 레드필드 프록터(Redfield Proctor)를,

워너메이커   태너

가장 논란이 심했던 임명은 남북전쟁 때 두 다리를 잃
어버린 제임스 태너라는 하사관 출신을 연금청
장으로 임명한 것이었습니다. 해리슨과 마찬가지로 태너
역시 퇴역군인들에게 특별한 애착을 가지고 있었습니다.
하지만 임명된 지 몇 달이 지나지 않아 태너와 가깝게 지
내던 많은 퇴역군인들이 연금시스템을 악용했고 책임자
인 태너가 아무런 조치도 취하지 않았다는 것이 드러났
습니다. 사실 태너는 이런 대규모의 조직을 운명해 본 경
험도 능력도 부족했습니다. 태너의 서툰 말과 행동은 더

법무장관에 친구인 윌리엄 밀러(William H. Miller)를, 해군장관에 벤자민 트레이시
(Benjamin Tracy)를, 내무장관에 억만장자인 존 노블(John Noble)을, 농무장관에
제레미아 러스크(Jeremiah M. Rusk)를 각각 임명했습니다.

많은 어려움을 자초했고 6개월도 안되어 그는 사임했습니다.

해리슨은 취임 후 거의 1년 반 동안 공직 임명권을 행사하면서 클리블랜드를 지지했던 약 천 700여 명의 민주당 인사들의 공직자리를 공화당 인사들로 바꾸었습니다. 해리슨은 어떤 사람의 추천이라도 쉽게 승락하지 않고 반드시 그 사람에 대한 정보를 요구했고 자신의 엄격한 기준을 적용했습니다. 해리슨은 하루에 평균 4시간에서 6시간 동안 공직 임명문제를 위해 헌신했지만 그럼에도 대부분의 사람들은 해리슨에게서 멀어졌습니다.

심한 논란을 일으키고 결국 해리슨의 임명의 치부를 드러낸 것은 젊은 뉴욕의 공화당원인 시어도어 루스벨트Theodore Roosevelt를 정부 공무원의 임명을 감찰하는 중앙인사위원회Civil Service Commission에 임명한 것이었습니다. 대부분의 위원들은 대통령의 공직 임명에 대해 이의를 제기하지 않았지만 시어도어 루스벨트는 달랐습니다. 1882년 24살의 나이에 뉴욕주 하원의원이 된 시어도어는 당시 미국 정치계에 퍼져 있는 보스정치, 파벌정치, 복지부동 등에 대해 강한 비판의 목소리를 냈습니다. 중앙인사위원이 된 시어도어는 아무리 대통령이 임명한 사람이라도 의심스러운 임명에 대해서는 세밀한 조사를 강력하

공무원위원회 위원 시절
시어도어 루스벨트

게 진행했습니다. 시어도어는 조사한 결과를 바탕으로 대통령 해리슨에게 임명의 부당함을 지적했습니다. 나아가 시어도어는 정부 공직을 단순히 정치적 임명(엽관제도)이 아니라 공무원법(펜들턴 공무원법)에 따라 임명해 줄 것을 요구했습니다. 한때 시어도어는 친구들에게 대통령 해리슨에 대해 다음과 같이 불평했습니다.

저 백악관에 있는 작고 머리가 쉰 사람이 나의 제안을 냉담하게 무시하고 인정하지 않는다. [48]

---

48   William, *Benjamin Harrison*, 58재인용.

이에 대해 대통령 해리슨은 시어도어 루스벨트에 대해 다음과 같이 불평했습니다.

젊은 루스벨트는 하루아침에 세상의 모든 악을 근절하기를 원하고 있습니다. [49]

시어도어는 개혁에 대한 압력을 계속했습니다. 1892년 대통령 선거에서 다시 돌아온 민주당의 클리블랜드 대통령은 소속된 정당이 달랐지만 개혁의 선두주자인 시어도어를 뉴욕주 경찰청장으로 임명했습니다. 그 후 시어도어는 1901년에 제26대 미국 대통령이 되면서 '혁신주의 progressivism'을 전개했습니다.

해리슨에게 내각구성과 공직임명권 행사는 대통령 고유의 의무이자 특권이었습니다. 그러나 해리슨은 대통령으로서 '숲을 보기는커녕 지나치게 세세한 나무를 세는 인사'를 한 결과 그를 도와 대통령으로 당선시킨 사람들은 물론 많은 사람들을 멀어지게 만들었습니다. 정치보스들과 공화당 지도부는 해리슨에게 가장 큰 불만을 품었고 공직 추구자들은 실망했으며 개혁가들은 절망했습니

---

49   William, *Benjamin Harrison*, 58재인용.

다. 그리고 너무나 당연하게도 민주당 인사들은 해리슨의 엽관제도 이용을 뻔뻔스러운 행위로 비난했습니다. 민주당으로부터의 비난은 차지하더라도 같은 당인 공화당 인사들의 불만과 실망은 해리슨의 재선을 불가능하게 만든 요인이었습니다. 그것은 해리슨이 '실패한 대통령 중 한 사람'으로 평가받는 이유이기도 합니다. [50]

해리슨의 개인비서이자 친한 친구인 엘리야 할포드Elijah Halford는 후에 다음과 같이 회고했습니다.

나는 매일 해리슨 대통령의 기분을 읽을 수가 있었습니다. 대통령이 나에게 "오늘 기분 어떠셔요?How are you today?"라고 인사하면 그는 기분이 좋은 것입니다. 반면에 대통령이 퉁명스럽게 "할포드 씨, 좋은 아침Good morning, Mr. Halford"이라고 인사하면 적어도 점심 이후까지 대통령을 피하는 것이 상책입니다. [51]

• **50** William J. Ridings, Jr., and Stuart B. McIver, *Rating the Presidents*(New Jersey: Citadel Press, 1997, 김형곤 옮김, 『위대한 대통령 끔찍한 대통령』(서울: 한언, 2000), 232-238, 김형곤, "벤저민 해리슨 대통령의 소통부재의 정치", 1-49재정리.

• **51** William, *Benjamin Harrison*, 60-61재인용.

새로운 주

글로버 클리블랜드 행정부 동안 서부지역의 여러 준주는 주 자격을 획득할 수 있었으나 민주당 행정부는 인정을 머뭇거렸습니다. 서부지역은 대부분 공화당이 강한 우위를 차지하고 있었고 연방 상원의원 2명을 모두 공화당에게 빼앗겨 상원에서 세력균형이 깨질 것이 확실했기 때문이었습니다. 그러나 해리슨이 대통령에 당선되자 공화당의 통제하에 있었던 의회는 승인을 신청한 서부의 준주를 속전속결로 승격시키는 조치를 취했습니다. 그 결과 해리슨 행정부 동안에 가장 많은 주가 만들어졌습니다.

1889년 11월 2일에 노스다코타와 사우스다코타가 첫 번째로 승격되었습니다. 다음은 11월 8일에 몬태나가 주로 승격되었습니다. 이어 11월 11일에 시애틀을 주도로 둔 워싱턴이 주로 승격되었습니다. 이듬해 봄을 지난 1890년 5월에는 아이다호와 와이오밍이 주로 승격되어 6개월 만에 6개의 준주가 주로 승격되어 연방에 가입했습니다. 예견된 것과 마찬가지로 6개의 주는 총 12명의 공화당 출신의 연방 상원의원을 선출했습니다. 이는 상원에서 공화당이 압도적으로 우위를 점할 수 있게 해주었습니다.

해리슨이 대통령이 된 지 얼마 지나지 않아 오클라호마 지역(공식적으로는 인디언 준주)이 백인 정착자들에게 개방되었습니다. 동북부의 여러 지역에서 살고 있었던 원주 아메리카인(Native Americans, 인디언)을 강제 이주시킨 뒤 그들의 사냥과 거주를 위한 지역으로 활용했던 땅에 백인들은 거의 살지 않았습니다. 정부에 의해 땅이 개방되자 미래에 큰 발전을 하리라는 희망을 가진 수 천 명의 정착자들이 1899년 4월 22일 오후를 기점으로 폭풍처럼 몰려들었습니다.[52] 어떤 이들은 기차를 타고, 어떤 이들은 말을 타고, 또 어떤 이들은 걸어서 약속된 농지나 마을의 땅을

---

[52] 1880년대에 대평원지역에서 살고 있던 많은 인디언들은 '유령의 춤(Ghost Dance)'이라는 일종의 종교의식에 흠뻑 빠졌습니다. 종교적인 의식(기도, 찬양, 춤 등)을 통해 인디언들은 기존세계를 파괴하고 자신들을 위한 영원한 파라다이스를 만들 수 있다고 생각했습니다. 소수의 유령춤 신봉자들은 새로운 세계를 창조해 내기 위해 미국 권위자들과 전쟁을 불사하라고 주장했습니다. 서부 여러 지역에 주둔하고 있던 군 장교들은 이들의 주장에 걱정하지 않을 수가 없었습니다. 해리슨이 대통령으로 있었던 1890년 12월 29일 미국 군인들이 사우스다코타에 있는 운디드니크리크 근처의 인디언 캠프를 공격했습니다. 이 공격에서 제7 기병대는 여자와 어린이를 포함한 146명의 인디언을 학살했습니다. 백인 군인들은 단지 25명이 사망했습니다. 이 일방적인 전투는 유럽 백인 정착자들과 인디언 사이에 벌어진 250년간의 마지막 전투였습니다. 대통령 해리슨은 일반적으로 인디언들의 권리와 교육을 지지했지만 학살 행위와 백인들이 인디언들의 수많은 영토를 빼앗는 데는 침묵했습니다.

얻기 위해 몰려들었습니다. 어렵사리 도착한 그들은 이미 수백 명의 사람들이 먼저 도착해서 마을과 도시를 형성하고 좋은 지역을 차지하고 있는 것에 충격을 받았습니다. 먼저 도착한 '선수 이주자Sooners'들은 그들이 확보한 땅을 등록하기 위해 긴 줄을 서서 기다리고 있었습니다.[53] 뒤에 도착한 이주자들은 크게 실망하였습니다. 많은 사람들이 발길을 돌려 본래 집으로 돌아갔습니다. 하지만 상당수는 그곳에 자리를 잡고 새로운 준주를 건설했습니다.

1992년에 만들어진 영화 <파 앤드 어웨이Far and Away>는 남녀 주인공의 밀고 당기는 사랑싸움을 바탕으로 오클라호마 준주를 빨리 개발하기 위한 미국 정부의 노력이 고스란히 드러나 있습니다. 무엇보다 이 영화를 통해 우리는 많이 알려지지는 않았지만 엄연한 역사적 사실인 '랜드런Land Run'을 확인할 수 있습니다. 랜드런은 미국 정부가 새로운 개척지에 보다 빨리 정착하기 위해 실시한 일종의 이벤트 행사였습니다. 그것은 경주를 통해 먼저 땅을 차지한 사람에게 공짜로 땅을 주거나 혹은 아주 싼 가격으로 소유권을 넘겨 주는 것이었습니다. 오클라호마

---

[53] 선수 이주자의 의미인 'Sooners'는 오클라호마주의 별칭이 되어 있습니다.

영화 '파 앤드 어웨이'의 한 장면

가 개발되면서 정부는 총 7번에 걸친 오클라호마 랜드런을 주최합니다. 영화에서 볼 수 있는 랜드런 장면은 1893년 9월 16일에 실시한 '체로키 스트립 랜드런Cherokees Strip Land Run'으로 불린 행사입니다. 번역하면 인디언 체로키족을 추방하기 위한 랜드런이 됩니다. 인디언 체로키족의 본래 거주지는 노스캐롤라이나와 애팔래치아산맥이었습니다. 그러나 미국정부에 의해 체로키는 고향에서 추방되어 몇 번에 걸쳐 서부로 이동하다 결국은 오클라호마에 정착하게 됩니다. 그러나 오클라호마마저 백인에 의해 개발되면서 그들은 또다시 추방을 당해야 하는 입장이 되었습니다.

따라서 이 영화는 미국의 서부 개척 과정에서 나타난

인디언문제나 멕시코문제를 필연적으로 다뤄어야 했음에도 불구하고 이에 대한 것은 단 한 장면도 나오지 않습니다. 순진한 생각인지는 몰라도 영화 '파 앤드 어웨이'가 인디언 문제를 객관적인 입장에서 직간접적으로 언급을 했다면 보다 완벽한 영화가 되지 않았을까 생각합니다. 물론 시간적 배경을 1892년으로 제시하고 있는 것으로 보아 인디언과 멕시코 문제는 이미 일단락된 것으로 보고 있는 것 같습니다. 영화 중간에 수많은 사람들이 서부로 이동하는 것을 보고 어떤 사람이 "땅을 얻으러 오클라호마로 가는 거야. 자유로운 땅"이라고 독백하는 장면이 나옵니다. 오클라호마는 이때 개발되기 시작해서 1907년에 미국의 46번째 주가 됩니다. 역사성을 배제하고 단순히 여흥의 입장에서만 볼 때 영화 '파 앤드 어웨이'는 매우 흥미롭습니다. 신분이 전혀 다른 남녀의 사랑, 사랑의 방해꾼, 이민생활의 어려움, 신분에 관계없이 누구에게나 주어진 성공의 기회, 도시생활의 비정함, 온갖 어려움을 극복하고 결국에는 해피엔딩으로 끝나는 것 등은 마치 정해 놓은 순서대로 진행되는 여타의 해피엔딩 드라마를 연상케 합니다. [54]

---

  54   김형곤, 『신대륙의 역사를 훔친 영화의 인문학』(서울: 홍문각, 2015), 224-226재정리.

트러스트문제, 은 매입문제, 관세문제

    1890년에 공화당 통제하에 있던 의회는 세가지 법안을 만들어 국가 전체를 뒤흔드는 정책을 추진했습니다. 첫 번째는 '트러스트'라 불리는 기업합병이라는 새로운 형태의 기업조직을 통제하기 위한 개혁법안과 관련된 것입니다. 존 록펠러John D. Rockefeller는 주로 불을 밝히는 데 사용하는 기름을 생산하고 판매하는 여러 회사들의 최대소유주였습니다. 당시 어떤 회사는 기름을 채굴하기 위해 시공을 하고 어떤 회사는 기름을 정제하고 어떤 회사는 기름을 수송하고 어떤 회사는 소비자들에게 기름을 판매하고 있었습니다. 하지만 록펠러는 트러스트로 합병하는 형태로 서로 관련 있는 기업들을 통제하에 두었습니다. 말하자면 모든 록펠러의 회사들은 멀리 떨어져 있는 회사의 몇몇 이사들에 의해 통제되었습니다. 회사운영 전반은 뉴욕에 있는 사무실에서 좌지우지하였습니다. 이렇게 록펠러의 회사는 산업 전반을 통제하고 다른 경쟁 회사들을 퇴출시키고 지방정부는 물론 주정부의 간섭으로부터 벗어나 무한 이익을 취할 수 있게 되었습니다.

기업 활동의 폭넓은 자유를 찬성하는 다수의 공화당원들조차 트러스트에 의해 만들어진 록펠러 회사 같은 기업은 정부의 세심한 관심과 통제가 필요하다고 판단했습니다. 오하이오주 연방 상원의원인 존 셔먼John Sherman [55] 은 법안을 만들어 트러스트 활동의 일부를 불법으로 규정하고 연방 정부에게 어떤 회사가 산업전반을 통제하고 경쟁 회사들을 질식시키는지를 감시하는 권한을 주도록 했습니다. 1890년 7월에 통과된 '셔먼 트러스트 금지법 Sherman Antitrust Act'은 트러스트로 독점을 조장하는 모든 사람이 벌금을 내고 감옥에 가도록 명시했습니다. 공화당과 대통령 해리슨의 요란스러운 추진으로 법이 만들어졌지만 사실상 법으로서의 선의의 효과는 거의 없었습니다. 트러스트 금지법은 개혁가들의 요구에 의해 기업의 부정행위와 독점을 막기 위해 만들어졌지만 정경유착이 판을 치던 시대에 이를 실행하기 위한 예산도 마련되지 않았고

---

[55] 존 셔먼은 남북전쟁의 영웅으로 남부동맹의 군사기지였던 조지아의 애틀랜타를 점령한 후 '바다로의 행진' 작전으로 남북전쟁을 승리로 이끈 윌리엄 셔먼 (William T. Sherman) 장군의 동생입니다. 윌리엄 셔먼은 남부의 물자 및 시설에 최대한 타격을 가하는 전술인 전면전을 응용한 장군으로 현대전의 창시자로 여겨지고 있으며 오늘날에는 그의 이름을 딴 전차인 'M4 셔먼'과 그의 이름을 딴 배인 '제너럴 셔먼 호'가 있습니다.

단 한 건의 소송을 제외하고는 이 법에 저촉된 일이 없었습니다. 1914년 새로운 '클레이튼 트러스트 금지법Clayton Anti-Trust Act'이 만들어지고 나서야 트러스트가 규제되기 시작했습니다. [56] 이 법안은 오늘날까지 기업 트러스트나 독점행위에 대한 정부규제의 기본이 되고 있습니다.

존 셔먼은 '셔먼 은 매입법Sherman Silver Purchase'이라 불리는 두 번째 법안의 중요 입안자였습니다. 해리슨은 많은 은광을 가지고 있는 서부 유권자들의 표를 의식해서 이들의 의견을 적극 반영했던 것입니다. 총대를 맨 셔먼은 물론 서부 주 출신의 상원의원과 하원의원들은 미국의 통화시스템이 금뿐만 아니라 은으로도 예비되어야만 한다고 굳게 믿습니다. 그들의 지역구인 서부지역은 엄청난 양의 은광을 채굴할 수 있었기 때문이었습니다. 동부의 기업인들은 은을 통화시스템의 기본으로 삼는 것을 강하게 반대했습니다. 그들은 미국의 통화시스템은 중요한 무역 파트너 국가들처럼 금으로만 예비되어야 한다고 믿었습니다. 결국 해리슨과 셔먼 등의 주도세력은 은 매입법에 대해 타협안을 제시해야 했습니다. 정부가 매달 2백만에서 4백만 달러에 달하는 은을 매입하여 미국 동전의 은화 사용을 장려하도록 한 것이었습니다. 결국 은은 미국 통

56　김형곤, "벤저민 해리슨 대통령의 소통부재의 정치", 1-49재정리.

화시스템의 표준이 되지 못했습니다. 결과적으로 서부지역 의원들은 이 타협안에 몹시 실망했습니다. 정부가 은을 구입해 유통시키게 한 이 법은 얼마 지나지 않아 정부자금을 고갈시켰습니다. 따라서 이 법은 '1893년의 공황' 발생의 주요 원인 중 하나가 되었고 다시 대통령이 된 민주당의 클리블랜드가 폐지시켜 버렸습니다.

세 번째 법안은 가장 중요한 것으로 대통령 해리슨과 오하이오주 연방 하원의원인 윌리엄 매킨리William McKinley 등의 공화당 의원들은 미국으로 수입되는 모든 상품에 고율관세를 매기고자 했습니다. 공화당원들은 미국 제품과 외국제품의 경쟁을 막아줌으로써 기업과 노동자들이 보다 많은 부를 양산하는 데 도움을 줄 것이라 믿었습니다. 하지만 고율관세를 반대하는 세력들은 다른 나라들 역시 미국 제품에 고율관세를 매길 것이고 그렇게 되면 세계 무역량이 엄청나게 축소될 것이기 때문에 결국은 미국 경제에 악영향을 줄 것이라 주장했습니다. 반대주장에 어느 정도 수긍하여 정부가 다른 나라들과 상호협정을 맺어 타협하도록 하는 법안이 제출되었습니다. 핵심 내용은 두 나라가 특별상품에 대해 저율관세를 매기는 것이었습니다. 매킨리가 주도하여 1890년 10월에 통과된 '매킨리 관세법McKinley Tariff Act'이 그것입니다. 해리슨 행정부 동안 8번의 상호협정이 채결되었습니다. 예를 들어 브라질은 미국이 자국의 커피에 저율관세를 매긴 것에 부응하여 몇몇 미국 제품에 대해 시장개방을 하는 것이었습니다.

매킨리 관세법이 국내 산업을 보호하고 노동자와 농민에게 많은 이익을 가져다 줄 것 같았지만 사실상 어떠한 이익도 보장해 주지 못했습니다. 일부 상품에 저율관세를 매기는 것을 인정했음에도 불구하고 민주당은 산업 전반에 걸친 고율관세는 국내 산업이 시장을 독점해 물가를 상승시킨다고 주장했습니다. 민주당 세력들은 매킨리의 지역구는 물론 미국의 주요 도시를 돌아다니면서 5센트 가치밖에 없는 컵을 1달러에 팔았습니다. 사람들이 기이한 가격에 항의하자 그들은 고율관세 때문이라고 말하고 사람들에게 가격이 더 오르기 전에 물건을 사라고 종용했습니다. 결국 고율관세는 해외시장의 위축과 외국 투자가들의 불신을 더해 '1893년의 공황'의 원인이 되었습니다. 다시 대통령이 된 클리블랜드의 주도아래 매킨리 관세법은 1894년 저율관세인 '윌슨고먼 관세법Wilson-Garman Tariff Act'으로 대치되었습니다. [57]

● **57**   김형곤, "벤저민 해리슨 대통령의 소통부재의 정치", 1-49재정리.

록펠러

존 셔먼

매킨리

아프리카계 미국인에 대한 지지

해리슨 대통령은 세 가지 법안에 더해 한 가지 법안을 더 추진하기를 희망했습니다. 남부 주에서 아프리카계 미국인들의 투표권을 보호하는 법안이었습니다. 남북전쟁 이후 남부 주들은 계속해서 투표권을 요구하는 정책을 실시해 왔습니다. 그러나 이런 조치들은 남부에서 아프리카계 미국인들이 투표할 수 있는 기회를 거의 말살시켰습니다.

대통령이 된 해리슨은 임기 동안 아프리카계 미국인들의 기본권을 신장시키는 일을 중요하게 생각했습니다. 대통령에 취임하고 얼마 지나지 않아 해리슨은 다음과 같이 말하면서 투표를 감독하는 법안을 발의했습니다.

편견이 심해 완전히 마비되어 버린 노예제도를 언제까지 진보의 스커트에 매달아 둘 것인가? [58]

. **58**　William, *Benjamin Harrison*, 66-67재인용.

매사추세츠 연방 하원의원인 헨리 로지Henry C. Lodge가 발의하고 해리슨이 후원한 '연방 선거법Federal Elections Bill, 일명 로지법안'은 아프리카계 미국인들이 공화당을 더욱 선호하기 때문에 남부의 공화당 후보에게 유리한 것으로 보였습니다. 법안의 핵심은 연방 정부가 모든 의원 선거를 감독하도록 하는 것이었습니다. 하지만 이 법안은 하원에서 간신히 통과되었습니다. 남부 민주당은 선거를 감독하기 위해 연방군대를 보내도록 한 '억압 법Force Bill'이라 비난했습니다. 로지법안뿐만 아니라 해리슨이 제안한 여러 법안들에 대한 논란이 심화되는 가운데 치러진 1890년 연방 하원선거에서 공화당은 민주당에게 철저히 패배했습니다.[59]

연방 상원은 의원 선거를 감독하도록 한 법안에 대한 논의를 연기하고자 했습니다. 하지만 해리슨은 12월 의회에 보낸 연두교서에서 연방 선거법의 중요성을 강조했습니다. 1891년 초 상원에서 법안에 대한 논의가 재개되었을 때 민주당 상원의원들은 의사진행 방해를 통해 법안의 심의를 못하게 했습니다. 결국 이 법안은 자동 폐기되

---

[59] 51차 연방 하원에서 179석을 차지했던 공화당은 52차 의회에서 86석으로 추락했습니다. 반면 민주당은 152석에서 238석으로 다수당을 차지했습니다.

었습니다. [60] 아프리카계 미국인들의 투표권을 보호하고자 한 해리슨의 노력은 허사가 되어 버렸습니다. 법안의 실패는 남부에서 아프리카계 미국인들의 처우를 더욱 악화시키는 결과를 낳았습니다. 결국 아프리카계 미국인들은 1960년이 되어서야 투표권을 보호받게 되었습니다.

해리슨은 대통령으로서 추진한 또 다른 법안에서도 실패의 쓴 잔을 마셨습니다. 상원의원 헨리 블레어 Henry Blair 가 제안하고 해리슨이 후원한 이 법안은 가난한 지역사회의 학생들에게 읽기를 가르치는 일에 사용할 연방 자금을 지급하는 내용이었습니다. 이 법안은 연방 하원에서 1880년과 1884년에 두 번이나 발의되었으나 모두 실패로 끝이 났습니다. 연방 상원에서 1890년에 법안이 발의되었을 때 6주간에 걸친 난상토론이 이어졌지만 결국 폐기되었습니다. 어떤 이들은 법안이 통과되면 지역 학교에 연방의 개입이 가능해지기 때문에 반대했습니다. 민주당 중심의 반대자들은 이 법안이 남부에서 아프리카계 미국인들을 도와줄 것이 명확했기 때문에 반대했습니다.

대통령 해리슨은 공개적으로 강하게 블레어법안을 지

---

60 52차 연방 상원의 의석수는 공화당이 46석이었고 민주당은 37석이었습니다. 비록 공화당이 다수당을 차지하고 있었지만 민주당 상원의원들의 강력한 '의사진행 방해'작전은 공화당을 압도했습니다.

지했습니다. 공화당 지도부는 법안에 대한 의회의 지지가 약하다고 경고했지만 해리슨은 이를 무시하고 블레어법안에 집착했습니다. 해리슨은 공화당이 아프리카계 미국인들의 권리를 신장하기 위해 뭉쳐야 한다고 믿었지만 법안을 실현하기 위해 의회를 설득하는 어떠한 행동도 하지 않았습니다.

10억 달러 의회와 1890년 선거

해리슨이 대통령이 되고 1889년에 시작된 51차 연방의회는 너무나 많은 돈을 사용해서 역사적으로 '10억 달러 의회billion-dollar Congress'라 일컬어지고 있습니다. 51차 의회는 퇴역군인들이 연금을 받을 수 있는 자격을 넓혀 정부 지출을 크게 확대시켰습니다. 또한 증기선 회사와 새로운 철도회사를 지원하기 위해 많은 양의 국고를 소비했습니다. 미국의 새로운 해군전함을 건조하기 위해서도 거

전임 클리블랜드가 쌓아둔 잉여금을 해리슨이 쏟아 붙는 만평

대한 돈을 썼습니다. 51차 의회는 회기가 끝나기도 전에 약 10억 달러의 국고를 쓴 최초의 의회였습니다.

거대한 소비지출은 해리슨 행정부의 고율관세 정책에 대한 불신과 더불어 민주당의 맹렬한 반대를 불러일으켰습니다. 다가온 1890년 의회 선거에서 민주당은 공화당이 국고를 너무 많이 소비하여 국가를 파산지경으로 이끌었고 공화당의 고율관세는 소비자 가격을 상승시켰다고 비난했습니다. 1890년 선거에서 유권자들은 약 90% 이상의 투표율을 기록했고 결과는 민주당의 압승이었습니다. 민주당은 하원에서 51차 의회보다 무려 86석을 더 차지하게 되어 다수당이 되었습니다. 상원에서는 공화당에게 다수당을 빼앗겼지만 51차보다 2석을 더 차지했습니다. 연방 하원의회 선거 결과가 이렇게 되자 가뜩이나 소통이 부재했던 해리슨은 남아 있는 임기 동안 하원과의 협력이 거의 없을 것이라 생각했습니다.

엄청난 돈을 쓴 10억 달러 의회는 선거에서 공화당을 어렵게 만들었습니다. 그러나 대부분은 사회간접자본에 쓰인 돈이었습니다. 많은 돈이 전국의 강과 항구를 개선하는 데 사용되었으며 가장 많은 돈은 해군을 개선하는 데 쓰였습니다. 해리슨 행정부 때 해군은 남북전쟁 이래로 가장 큰 도약을 했고 이는 20세기 국제무대에서 미국의 역할을 신장시켰다는 점에서 의미가 있습니다.

국민을 불행하게 만든
대통령들 10인 시리즈
벤저민 해리슨

05

행복하지 않은 끝을 향해

개인적 비극

대통령 임기 후반기에 해리슨은 국내문제에서 국제문제로 주요 관심의 방향을 선회했습니다. 해리슨 대통령은 국무장관 제임스 블레인으로부터 외교에 대한 강한 지지와 지원을 받을 수 있으리라 생각했습니다. 그러나 불행히도 블레인의 건강이 악화되자 이전과 같은 지지를 받지 못했습니다.

사실 해리슨 행정부는 내내 비극적인 사건에 휘말려 있었다고 해도 과언이 아니었습니다. 해리슨이 믿고 의지했던 친구이자 비서인 엘리야 할포드는 대통령을 보좌한 지 1년이 채 되지 않은 1889년에 과로로 쓰러졌습니다. 처음에 할포드는 너무나 아파 움직일 수도 없었습니다. 해리슨은 할포드가 백악관에서 필요한 수술을 받을 수 있도록 주선했습니다. 또한 할포드가 회복을 하는 동안 그의 아내가 백악관에 머물도록 했습니다. 1890년에 해군장관 벤저민 트레이시는 집에서 일어난 화재로 아내와 딸을 잃고 심각한 부상을 입었습니다. 이번에도 해리슨은 해군장관이 회복을 하는 동안 백악관에 머물도록 했습니다. 재무장관 윌리엄 윈덤 역시 해리슨 임기 반을 넘기면서 사망했습니다.

건강문제로 고통받고 있었던 블레인은 두 가지의 비극적인 사고로 인해 고통이 심해졌습니다. 1890년 1월 국무부에서 아버지의 보좌관으로 일을 하고 있었던 아들 월커 블레인Walker Blaine이 폐렴으로 죽었습니다. 3주 후 블레인의 딸 역시 폐렴으로 죽었습니다. 1892년 말에는 블레인의 또 다른 아들이 죽었습니다. 자식의 죽음과 질병으로 고통 속에 있었던 블레인은 오랫동안 국무부의 업무를 보지 못했습니다. 어쩔 수 없이 해리슨 대통령이 외교문제를 수행해야 했습니다.

해군과 국방

해리슨이 대통령에 당선되기 전부터 미국의 관심은 국방문제에 집중되어 있었습니다. '제국주의'시대에 접어들자 영국과 유럽의 강대국들은 강력한 해군을 이용한 상인과 무역업자들의 활동을 통해 세계무대에서 자신들의 제국을 건설하고 있었습니다. 반면 미국은 전쟁과 재건문제, 서부개척이라는 국내문제에 집중되어 있었고 해군력의 증대나 국방력 강화에는 큰 관심을 기울이지 않고 있었습니다.

아서 대통령은 해리슨이 대통령에 당선되기 전에 해군의 현대화를 위한 첫 조치를 취했습니다. 2대 대통령 존 애덤스가 해군을 창설한 이래 구식 상태로 있던 것을 아서가 재창설하여 업적을 남겼습니다. 대통령이 된 해리슨은 자신의 해군장관 벤저민 트레이시에게 많은 돈을 쓰더라도 빠른 시일 내에 세계무대에서 미국의 이익을 보호하기 위한 현대적 전함을 건조하도록 조치했습니다.

해군부는 영국 해군을 연구해서 최근에 건조된 무적의 함선은 니켈과 철의 특수 합금강으로 만들어졌다는 사실을 알아냈습니다. 해군장관 트레이시는 미국 해군 함선을 제조하기 위해 강철왕 앤드류 카네기Andrew Carnegie에게 영국과 똑같은 합금강을 만들도록 했습니다. 카네기는 의회에서 인정한 막대한 자금으로 합금강을 만들어 냈고 미국은 '강철 해군Steel Navy'을 만들어 냈습니다. 해리슨 행정

부 동안 미국 해군의 전력은 세계 12위에서 6위까지 오를 수 있었습니다.

아이티, 중앙아메리카, 하와이

해리슨은 해군의 효율을 높이기 위해서는 국경선을 접하고 있는 바다에서 연료를 공급받기 위한 친화적 항구와 석탄저장소가 필요하다는 것을 알았습니다. 그래서 카리브해의 순찰을 위해 아이티의 여러 섬에 해군기지를 건설할 수 있는 권리를 타진했습니다. 하지만 아이티 정부는 해리슨의 제안을 거부했습니다. 그럼에도 해리슨은 폭력을 사용하더라도 자신의 목적을 달성하고자 했습니다.

대서양과 태평양에서 미국 함대가 수월하게 순찰하고 세계무대에서 미국 해군의 효율성을 높이기 위해서는 중

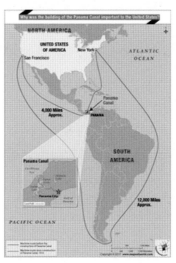

파나마 운하 위치

릴리오후칼라니

앙아메리카의 대서양에서 태평양으로 가는 통로를 만들어 내야만 했습니다. 1880년대에 프랑스의 한 회사가 파나마를 관통하는 운하를 건설하는 데 공을 들여 왔습니다. 그러다 1889년 해리슨 대통령이 취임하기 한 달 전에 갑자기 파산해 버렸습니다. 해군 장교들과 미국 상인들은 미국 정부가 운하를 건설하는 일을 떠맡아 주기를 희망했습니다. 하지만 프랑스 정부가 기존 회사에 자금을 제공해서 다시 운하건설을 하게 되었습니다. 결국 파나마 운하는 해리슨 행정부 기간 동안 완공할 수 없었습니다.

해리슨은 캘리포니아 남서부에서 약 2천 마일 떨어져 있는 태평양의 하와이에 해군기지를 건설하는 일을 추진했습니다. 하와이는 릴리오후칼라니 Liliuokalani 에 의해 통치

되고 있었지만 섬의 경제는 하와이인이 아닌 농장 경영주들에 의해 좌지우지되고 있었습니다. 1893년 대통령 임기 마지막 해에 농장주들이 합심해서 릴리오우칼라니 여왕을 폐위시키고 새로운 정부를 세웠습니다. 그들은 미국 영사로부터 지지를 받았고 미국 해군이 하와이의 질서를 유지하는 데 도움을 주기 위해 상륙했습니다. 해리슨은 즉시 하와이를 합병하여 미국 영토로 만드는 조약을 연방 상원에 제출했습니다. 그러나 상원은 해리슨에 부응하여 움직이지 않았고 뒤이어 다시 대통령이 된 클리블랜드는 합병조약을 폐기하고 하와이의 새 정부에게 릴리오후칼라니에게 권력을 다시 돌려주라고 종용했습니다. 그러나 하와이의 새 정부는 클리블랜드의 주장을 무시했습니다. 5년 후 1898년 하와이는 미국에 합병되었습니다.

유럽과 남미

1891년 해리슨 행정부는 독일은 물론 프랑스와의 무역 정책에서 큰 위기에 봉착했습니다. 두 나라는 미국산 돼지고기가 해충에 오염되어 선모충병을 일으킨다고 주장하면서 수입을 차단시켜 버렸습니다. 사실 두 나라는 돼지고기를 생산하는 데 비싼 돈이 소요되는 자신의 농가를 보호하고자 하는 것이 주 목적이었습니다. 차단을 철회시키기 위해 해리슨은 두 가지 조치를 취했습니다. 먼저 해리슨은 미국산 돼지고기가 선모충에 감염되지 않았다는 것을 보장해 주는 새로운 돼지고기 검사법을 도입했습니다. 두 번째로는 독일에서 미국에 수출하는 설탕을 쿠바산으로 대체할 수 있다고 경고했습니다. 결국 독일은 미국산 돼지고기 수입 금지를 포기하는 데 동의했고 뒤이어 1891년에 프랑스를 비롯한 다른 유럽 나라들도 독일의 경우를 따랐습니다. 이는 해리슨이 대통령으로서 성공을 거둔 아주 드문 사례였습니다.

해리슨의 외교문제에서 두 번째로 국제적인 사건은 태평양 연안에 접해 있는 칠레와 관련된 것입니다. 칠레 국민들은 10여 년 전 페루와 볼리비아와 전쟁을 할 때 미국이 칠레 편을 들지 않은 것에 몹시도 분노해 왔습니다. 그러나 해리슨 대통령 때인 1891년에 미국은 칠레 의회에서 시작된 반란에서 칠레 대통령을 지지했습니다. 칠레 주재 미국대사는 반란 폭도들의 공격에 칠레 대통령과 국가 공무원들을 보호하는 데 많은 도움을 주었습니다. 또 2월에 미국 전함이 칠레 해안에 정박했습니다. 하지만 폭도들은 칠레 정부를 잘 통제했습니다. 10월에 미국 해군이 칠레에 상륙해 폭도 세력들과 심한 갈등을 일으키다가 두 명의 해군이 죽고 말았습니다. 미국 대사관 직원들이 사건 조사를 요구했지만 아무 일도 일어나지 않았습니다.

미국이 군사적 행동을 준비하자 새로운 칠레 정부는 해군의 죽음에 사과했고 7만 5천 달러의 배상금을 지급하는 데 합의했습니다. 해리슨에게 항상 비판적이었던 시어도어 루스벨트도 칠레와의 갈등에 강한 조치를 취한 해리슨을 칭찬했습니다.

캐나다와 영국

해리슨 대통령은 캐나다와 오랜 기간 겪어 온 논쟁을 매듭지었습니다. 캐나다 사냥꾼들은 알래스카해안 밖 베링해안에서 물개사냥을 활발하게 해왔습니다. 미국은 캐나다인들이 잡은 물개를 몰수할 것이라 주장했습니다. 미국 해군이 베링해에 있는 캐나다 배를 나포하기 시작했습니다. 이에 대한 보복으로 캐나다는 캐나다의 대서양 해안 밖에서 조업 중인 미국 어부들을 나포하기 시작했습니다.

1891년에 영국이 캐나다 편을 들면서 베링해에 전함을 파견했습니다. 해리슨 대통령은 분쟁보다 중재를 선택했습니다. 중재안은 1893년에 채결되었습니다. 중재자는 미국이 국제수역에 있는 물개에 대한 재산권을 가지고 있지 않기 때문에 캐나다에게 나포한 배에 대한 손해배상을 하라고 판결했습니다. 한편 중재자는 물개 번식지로 유명한 알래스카의 프리빌로프섬으로부터 약 60마일(약 96킬로미터) 안에서는 물개사냥을 할 수 없으며 캐나다인만 물개를 사냥할 수 있도록 판결했습니다. 중재안은 미국의 물개 사냥꾼들 보호했을 뿐만 아니라 캐나다와의 오랜 논쟁 거리를 종결시키는 결과를 낳았습니다.

백악관에서의 생활

넓고 편안한 인디애나폴리스의 집으로부터 이사를 온 해리슨 부부는 백악관에 산다는 것이 기쁜 일만은 아니라는 사실을 알았습니다. 대통령과 퍼스트레이디는 성인이 된 두 자식을 포함한 다른 가족들과 함께 백악관으로 왔습니다. 해리슨 가족은 그들이 사는 생활공간이 비좁고 혼잡스럽다는 것을 알았습니다. 또 매일같이 백악관에 일을 하러 오는 사람들과 가깝게 지내야 한다는 것을 알았습니다.

캐리 해리슨은 가족을 위한 넓고 새로운 건물을 지어 줄 것을 요청했습니다. 하지만 의회는 퍼스트레이디의 엄청난 계획을 반대했습니다. 대신 생활하고 있는 공간을 수리하도록 약 3만 5천 달러의 예산을 편성해 주었습니다. 퍼스트레이디에게 가장 성가신 것은 쥐들이었습니다. 다시 대통령이 된 클리블랜드가 백악관에 있을 때 쥐가 애지중지하던 카나리아 새를 죽이는 일까지 있었습니다. 해리슨 부부는 전기가 들어오는 백악관에서 생활한 첫 번째 대통령과 퍼스트레이디였습니다. 하지만 두 사람은 전기 스위치를 끄는 단순한 일에 몹시도 짜증을 냈습니다. 하는 수 없이 전기 스위치를 끄는 일을 하는 집사 한 사람이 고용되었습니다.

또 선거

1891년 4월 해리슨은 5주간에 걸쳐 미국 전역을 여행했습니다. 약 9천 200마일만 4천 800킬로미터의 거리를 소화하면서 여러 곳을 방문했습니다. 가는 곳마다 대대적인 환호를 받았기 때문에 해리슨은 자신이 정치를 잘하고 있다고 생각했습니다. 그러나 정작 수도 워싱턴에서 해리슨 행정부는 고착상태에 빠져 있었습니다. 1890년 의회 선거에서 승리한 민주당 의원들은 해리슨과 그의 정부에 대한 태도를 방어적으로 바꾸어 버렸습니다. 사실 해리슨 정부 후반기에는 의회에서 주도권을 가지고 일을 한 적이

단 한 번도 없었을 뿐만 아니라 전반기에 이루어 놓은 일을 지키는 데에만 고심했을 뿐이었습니다. 결국 1892년에 선거철이 다가오자 국민들은 해리슨 행정부에 부정적인 여론을 형성했습니다.

대통령 선거가 다가오자 해리슨은 재선에 대한 의지를 확고하게 내비치지 않았습니다. 어느 날 해리슨은 한 친구와 워싱턴 시내를 산보하면서 백악관을 가리키며 다음과 같이 말했습니다.

저건 나의 감옥이야! [61]

해리슨에게 재선을 위한 문제는 상대 민주당에게만 있는 것이 아니었습니다. 공화당 지도부 역시 충고를 받아들이지 않고 소통하지 않는 해리슨을 몹시도 불쾌해했습니다. 해리슨 임기 내내 병을 앓고 있었던 국무장관 제임스 블레인마저 지난 선거에서 자신이 양보한 것을 후회하고 다시 대통령에 출마할 것을 고려할 정도였습니다. 당이 자신을 버리고 다른 누군가를 후보로 선정할 것이며 그가 다름 아닌 자신의 국무장관이라는 것을 안 해리슨

. **61**　　William, *Benjamin Harrison*, 82재인용, 명민했던 해리슨은 당시 여론이 자신에게 불리하게 작용하고 있다는 것을 알고 있었을 것으로 보입니다.

은 재선에 대한 미지근했던 의지를 다시 불살랐습니다. 해리슨이 아내에게 재선에 대한 생각을 말했을 때 캐리는 다음과 같이 말했습니다.

왜요? 장군? 왜요? 당시에게 이 일은 너무 어렵지 않아요? [62]

해리슨은 현직 대통령으로서 권위를 내세워 다시 후보가 되었습니다. [63] 하지만 본선에 들어가자 대부분의 공화당원들은 선거운동에서 이전과 달리 너무나 미지근했습니다. 단지 형식적인 행사에만 참여할 뿐이었습니다.

본격적으로 선거가 시작되면서 해리슨에게 고통스러운 사건이 벌어졌습니다. 그해 여름 사랑하던 아내 캐리가 당시로는 몹시도 위험한 질병인 결핵에 걸려 고통스러워했습니다. 해리슨은 전국을 돌아다니는 선거운동은 물론 집 현관 앞에서 하는 선거운동도 하지 않았습니다. 해리슨은 애팔래치아산맥에 있는 애디론댁산 깊숙한 곳에서 아내와 함께 여름을 보내며 신선한 산공기가 결핵을 이겨내는 데 도움이 되지 않을까 애를 썼습니다. 민주당의 클

---

62   William, *Benjamin Harrison*, 82재인용.

63   전당대회에서 535표 대 182표로 해리슨이 블레인을 이겨 다시 공화당 대통령 후보가 되었습니다.

리블랜드 진영 역시 해리슨의 어려움을 감안하여 개인적인 선거운동을 포기했습니다. 9월에 워싱턴으로 돌아온 대통령을 본 사람들은 퍼스트레이디가 죽음 가까이에 있다는 것을 알 수 있었습니다. 열차에서 내리는 대통령의 모습을 본 한 기자는 '그의 눈이 붉어져 있었고 눈물이 가득했다'고 썼습니다. 캐롤라인 해리슨은 재선을 위한 선거 2주를 남기지 못한 10월 25일에 사망했습니다. 그녀의 장례식은 인디애나폴리스에서 열렸습니다.

가혹한 시간이었지만 선거는 치러졌고 결과는 민주당 주자 클리블랜드에게 돌아갔습니다. 해리슨은 3월 초 클리블랜드의 취임식이 끝나자마자 워싱턴을 떠나 대대적인 환영 속에서 인디애나폴리스로 돌아왔습니다. 해리슨은 군중을 향해 다음과 같이 말했습니다.

나는 임기를 마치고 고향으로 돌아오는 데 아무런 실수를 하지 않았습니다. [64]

그리고 아들에게 낮은 목소리로 이렇게 말했습니다.

---

64   William, *Benjamin Harrison*, 85재인용.

그런데 옛날과 같이 친구들이 거의 없는 것 같아."[65]

이 말과 함께 해리슨의 정치생활은 막을 내렸습니다.

---

[65]   William, *Benjamin Harrison*, 85재인용.

국민을 불행하게 만든
대통령들 10인 시리즈
벤저민 해리슨

06

퇴임 후

휴식 후 다시 변호사로

1893년 봄에 인디애나폴리스로 돌아온 벤저민 해리슨은 충분한 휴식을 취했습니다. 그리고 자신의 체신장관이자 친구인 존 워너메이커에게 다음과 같은 편지를 썼습니다.

지금 나는 너무나 게으른 것 같아, 이렇게 지내다가는 어떤 일도 할 수 없을 것 같아. [66]

해리슨의 딸 마미와 그녀의 자녀인 벤저민과 매리 해리슨의 손자와 손녀가 처음으로 많은 시간을 함께 보냈습니다. 해리슨은 특히 손자 벤저민과 가깝게 지냈는데 식사 테이블에서 벤저민은 할아버지 바로 옆에 놓인 높은 의자에 앉아 있었습니다. 벤저민은 염소와 당나귀를 키웠는데 당시에도 애완동물로 평범한 것은 아니었습니다.

● **66**   William, *Benjamin Harrison*, 87재인용.

휴식 후 해리슨은 다시 일을 시작했습니다. 그는 법률 회사를 차렸는데 모든 고객을 다 받은 것이 아니라 선불로 500달러를 낸 고객들만 골라 받았습니다. 전직 대통령이자 유명한 변호사였던 해리슨은 1894년 최근에 설립된 캘리포니아의 스탠퍼드대학교에서 6번에 걸친 법학강의를 했습니다. 해리슨은 총 2만 5천 달러로 당시로는 엄청난 강사료를 받았습니다. 해리슨의 강의는 얼마 후 『전前대통령의 견해Views of and Ex-President』라는 책으로 출판되었습니다. 해리슨은 성년이 되고 나서 처음으로 많은 일의 압력으로부터 벗어나 진정 행복해했습니다.

미국은 역사상 가장 심각한 경기침체를 겪고 있었습니다. 클리블랜드가 취임하고 몇 주 지나지 않아 주식시장이 붕괴되었습니다. 연이어 수개월 동안 수천의 회사가 파산했습니다. 노동자들은 실업자가 되었고 농산물 가격은 하락했으며 불경기 여파는 전체 국민들에게 미쳤습니다. 다급해진 민주당 정부는 경기침체의 원인이 해리슨 행정부가 시행한 고율관세와 은매입법 때문이라고 주장했습니다. 클리블랜드 대통령은 의회를 설득해 은매입법을 폐지하도록 했지만 불경기는 계속되었습니다. 결국 국민들 대다수는 경기침체의 원인이 해리슨이 아니라 현직 대통령인 클리블랜드에게 있다고 보고 그를 비난했습니다.

메리 디미크

    그런 와중에 1895년 12월 홀아비가 된 해리슨은 메리 디미크Mary L. Dimmick라는 과부와 약혼을 할 것이라 발표했습니다. 그녀는 캐롤라인 해리슨의 조카로 남편이 죽은 후 백악관에서 퍼스트레이디를 돌보는 일을 했습니다. 그녀는 해리슨보다 25살이나 어린 나이였고 아들 러셀보다 4살이 어린 나이였습니다. 이것을 의식해서였는지 해리슨은 아들 러셀에게 다음과 같은 편지를 보내 아버지를 이해해 달라고 부탁했습니다.

혼자 사는 인생은 너무나 외롭단다. 나는 이제 이렇게 살
수 없단다. [67]

그럼에도 불구하고 해리슨의 아들과 딸은 아버지의 약
혼 발표에 전혀 달가워하지 않았습니다. 그리고 아버지의
재혼식에 참석하지 않았습니다. 1897년 2월 메리와 해리
슨은 딸을 낳고 이름을 엘리자베스로 지었습니다.

1896년 다시 대통령 선거가 다가오자 많은 신문들은
해리슨이 공화당 대통령 후보가 될 수 있다고 보도했습
니다. 불경기의 고통을 목격한 언론들은 해리슨의 지능과
경험을 높이 샀고 아마도 이전보다 훨씬 훌륭하게 대통령
직을 수행할 것이라 주장했습니다. 하지만 해리슨은 출마
할 생각이 없어 침묵했습니다. 결국 공화당 대통령 후보
는 해리슨 행정부 때 고율관세의 주창자였던 윌리엄 매킨
리가 되었습니다. 해리슨은 뉴욕에서 매킨리의 선거운동
을 위한 공화당 집회에서 핵심 연설가가 되는 데 기꺼이
동의했습니다. 젊은 시절부터 전율을 느끼게 했던 해리슨
의 연설은 많은 유권자들을 감동시켰고 전국의 언론들은
대서특필했습니다.

. **67**   William, *Benjamin Harrison*, 90재인용.

1898년 전직 대통령이자 유명한 변호사였던 해리슨은 베네주엘라와 영국령 기아나현재 기아나 공화국 사이의 국경선을 놓고 영국과 벌어진 심각한 국제분쟁 소송사건에서 베네주엘라 정부에 의해 고용되었습니다. 베네주엘라는 스페인 식민지였고 대부분 스페인어를 공용어로 사용했습니다. 그러나 해리슨은 스페인어를 몰랐고 베네주엘라에 대해서도 아는 것이 거의 없었습니다. 하지만 일단 핵심 변호사가 된 마당에 해리슨은 베네주엘라의 역사와 소송사건의 배경에 대해 철저히 공부했습니다. 해리슨은 자신의 해군장관이었던 벤저민 트레이시와 여러 사람들의 도움을 받으면서 파리에서 중재재판이 열리기 전에 베네주엘라를 위한 변호를 준비했습니다. 다시 한번 해리슨은 일 속에 빠졌습니다. 하지만 이내 피로감을 느꼈고 몸이 이전과 다르다는 것을 확인했습니다. 1899년 2월 해리슨은 젊은 아내와 다른 지인들에게 다음과 같이 말했습니다.

최근에 나는 몹시도 쇠약해진 느낌이야. 일 년 동안 조금도 쉼 없이 달려왔어. [68]

---

[68]   William, *Benjamin Harrison*, 91재인용.

해리슨은 소송전을 위해 5월에 유럽으로 갔습니다. 6월이 되자 소송전이 시작되었습니다. 5명의 중재자 중 2명은 영국인이었고 1명은 러시아인이고 나머지 2명은 미국인이었습니다. 소송전의 상황은 베네주엘라에게 유리했지만 중재자들은 분쟁지역 영토의 90%를 영국 것으로 판결했습니다. 많은 사람들은 베네주엘라가 이 소송전에서 속임을 당했다고 믿었습니다. 해리슨은 패배를 인정했습니다. 몇 년이 지난 후 여러 증거가 제시되긴 했지만 영국과 러시아의 중재자가 영국령 기아나 소송전에서 음모를 꾸몄다는 확실한 증거는 발견되지 않았습니다.

세계가 주목한 소송전에서 패배한 후 해리슨은 인디애나폴리스로 돌아와 다시 일을 했지만 속도가 예전 같지 않았습니다. 1900년에 해리슨은 옐로스톤공원으로 가서 애디론댁산을 올라갔습니다. 1901년 3월이 되자 해리슨은 별로 심각하지 않은 감기에 걸렸는데 얼마 후 심각한 폐렴으로 발전했습니다. 해리슨의 건강은 급속도로 악화되었고 1901년 3월 13일 오후에 68살의 나이로 집에서 사망했습니다. 새 부인 메리 해리슨과 해리슨이 거의 반세기 동안 출석한 제1 장로교회 목사 하이네스M. L. Haines가 해리슨의 임종을 지켜보았습니다.

다음 날 해리슨의 사망기사를 다룬 뉴욕 타임즈New York

Times는 기사에 다음과 같은 내용을 실었습니다.

해리슨의 죽음이 빠르게 시 전역에 퍼졌습니다. … 죽음
이 알려진지 얼마 지나지 않아 모든 공공빌딩과 시내 일반
상가건물에 그의 죽음을 애도하는 조기가 내걸렸습니다.[69]

해리슨은 약 40만 달러의 값어치가 나가는 부동산을
남겼는데 그것은 새로운 아내와 딸에게 유산으로 주었습
니다. 그 때문인지 몰라도 해리슨은 죽음에 이른 뒤로도
첫 번째 아내의 아들과 딸로부터 외면을 당했습니다. 그
럼에도 해리슨은 자신의 손자와 손녀들의 교육을 위한
상당량의 돈을 남겼습니다.

69   William, *Benjamin Harrison*, 93재인용.

나오며

소통부재의 대통령

1889년 4월 29일 해리슨은 화려한 행렬속에 팡파르가 울려 퍼지고 수많은 사람들이 환호하는 가운데 바지선을 타고 뉴욕항으로 들어왔습니다. 100년 전 오늘 조지 워싱턴이 미국 초대 대통령으로 취임한 것을 축하하기 위한 행사였습니다. 해리슨은 자신도 대통령으로서 의무와 책임을 다한다면 위대한 건국의 아버지처럼 성공적인 대통령이 될 수 있으리라 생각했습니다. 언감생심焉敢生心 벤저민 해리슨이 조지 워싱턴의 명성을 꿈꾸다니 ….

워싱턴은 사람들과의 소통을 통해 누가 그 일에 가장 적합한 사람인가를 결정하여 내각을 구성하고 보좌관을 선발했습니다. 또한 일단 선발된 장관과 보좌관을 신뢰하고 그들의 일에 간섭하지 않았습니다. 하지만 해리슨은 인사를 대통령 고유의 일이라 여기고 혼자 결정했으며 선발된 장관과 공직자의 일에 사사건건 관여했습니다. 인간 관계에서의 소통부재와 간섭은 어떤 성공의 법칙 속에도 포함되어 있지 않습니다.

1889년 3월 해리슨은 대통령으로서 성공에 대한 확신을 가지고 취임했습니다. 앞에서 살펴보았듯이 마침 제51차 의회는 상·하 양원에서 공화당이 다수당을 차지하고 있어 [1] 해리슨이 추구하는 프로그램을 달성할 수 있으리라 여겼습니다. 사실상 해리슨은 대통령 선거에서 내걸었던 공약들을 다수당인 공화당의 지지를 얻어 입법화했습니다. 주요 내용은 '부양 및 장애 연금법Dependent and Disability Pension Act', '셔먼 트러스트 금지법Sherman Anti-Trust Act', '셔먼 은 매입법Sherman Silver Purchase Act', '매킨리 관세법McKinley Tariff Act' 등입니다. 이들은 공화당과 대통령 해리슨의 요란스러운 추진으로 법으로 만들어 졌지만 사실상 연금법을 제외하고는 법으로서의 선의의 효과는 거의 없었습니다. 반트러스트법은 개혁가들의 요구에 의해 기업의 부정행위와 독점을 막기 위해 만들어졌지만 정경유착

. **1**　　1889년 3월에서 1891년 3월까지 제51차 미국 의회의 구성은 다음과 같습니다. 상원은 민주당이 35명(40.9%)이었고 공화당은 51명(59.3%)이었습니다. 하원은 민주당이 152명(46.3%)이었고 공화당은 175명(53.4%)이었습니다. 상하 양원에서 공화당은 다수당을 차지하고 있었습니다.

이 판을 치던 시대에 이를 실행하기 위한 정부예산이 마련되지도 않았고 단 한 건의 소송을 제외하고는 이 법에 저촉되는 일이 없었습니다. 1914년 새로운 클레이튼 반트러스트법 Clayton Anti-Trust Act 이 만들어지고 나서야 트러스트가 규제되기 시작했습니다. 은 매입법은 출발부터 문제가 있는 법이었습니다. 해리슨은 새로이 연방에 가입하게 된 많은 은광을 가지고 있는 서부의 주들의 유권자들의 표를 의식해서 이들의 의견을 적극 반영했던 것입니다. 정부가 정부자금으로 은을 구입 해 유통시키게 한 이 법은 얼마 있지 않아 정부자금을 고갈시키게 만들었습니다. 이법은 '1893년의 공황' 발생의 주요 원인 중 하나가 되었고 다시 대통령이 된 민주당의 클리블랜드가 폐기시켜 버렸습니다. 선거공약 중 가장 큰 공약은 고율관세였습니다. 오하이오주 하원의원인 윌리엄 매킨리가 발의하고 해리슨이 서명한 매킨리 관세법은 고율관세로 국내 산업을 보호하고 노동자와 농민들에게 이익을 준다는 명목으로 법으로 통과되었습니다. 하지만 이법은 국내 산업의 보호는 커녕 노동자와 농민에게 어떠한 이익도 보장해 주지 않았습니다. 더더욱 민주당은 고율관세는 국내 산업이 많은 상품에 대해 독점함으로써 물가를 상승시킨다고 주장했습니다. 민주당 세력들은 매킨리의 지역구는 물론 미국의 주요 도시들을 돌아다니면서 5센트 가치밖에 없는 컵을 1달러에 팔았습니다. 사람들이 이 기이한 가격에 대해 항의하자 그들은 고율관세 때문이라고 말하고 주부들에게 가격이 더 오르기 전에 물건을 사라고 종용했습니다. 고율관세는 해외시장의 위축과 외국 투자가들의 불신을 더해 '1893년의 공황'의 한 원인이 되었습니다. 이법은 1894년 저율관세인 윌슨-고먼 관세법Wilson-Garman Tariff Act으로 대치되었습니다.

내각구성과 공직 임명권을 둘러싼 불만과 추진한 정책의 연이은 실패로 인하여 공화당은 1890년 중간선거에서 참패했습니다. 상원은 어느 정도 선전했지만 하원에서는 민주당에게 73.4%를 내줌으로써 공화당은 완전히 패배했습니다.[2] 해리슨은 하원에서의 철저한 패배로 더이상 어떤 일도 추진할 수가 없었습니다. 해리슨은 남아 있는 임기 동안 그저 화려한 파티나 낚시로 시간을 보냈습니다. 영향력이 강하게 남아 있었던 토마스 플랫, 매튜 키, 제임스 클락슨 등과 공화당 지도부들은 대통령에게 적절

---

2 1891년 3월에서 1893년 3월까지 제52차 미국 의회의 구성은 다음과 같습니다. 상원은 민주당이 39명(44.3%)이었고 공화당은 47명(53.4%)이었습니다. 하원은 민주당이 238명(73.4%)이었고 공화당은 86명(26.5%)이었습니다. 이 선거에서 매킨리 역시 낙방했습니다.

한 보상을 받지 못했다고 불만을 가졌습니다. 대통령과 회견을 나눈 사람들 또한 대통령의 끊임없는 간섭에 지쳐 갔습니다.[3] 추천을 받았는데도 불구하고 공직을 얻지 못한 사람들은 대통령의 냉담함과 무뚝뚝함을 비난했으며 개혁가들 역시 대통령의 무능과 무관심에 등을 돌렸습니다.

1892년 대통령 선거가 다가오자 해리슨은 재선에 의지를 보였습니다. 하지만 공화당의 정치보스들과 지도부는 더이상 해리슨을 대선 주자로 생각하지 않았습니다. 그들은 지지자가 많은 블레인을 후보로 내세우고자 했습니다. 당시 블레인은 몸이 아팠지만 그것은 문제가 되지 않았습니다. 그들은 단지 해리슨을 대통령에서 끌어내리기를 원했습니다. 분위기를 간파한 해리슨은 재선에 대한 욕심을 잃었지만 블레인이 공화당 후보가 되는 것은 너무나 싫었습니다. 전당대회에서 535표 대 182표로 해리슨이 블레인을 이겨 공화당 대통령 후보가 되었습니다. 민주당 후보는 다시 돌아온 클리블랜드였습니다. 하지만 이번에도 관세가 문제였습니다. 점점 늘어 가는 유권자인 노동자와

---

[3] 해리슨은 종종 블레인을 무시하고 국무부의 일을 처리했습니다. 블레인은 특히 남미문제 중 칠레와의 전쟁 위기 문제에 있어 자신의 의견을 무시한 해리슨에 대해 분노했습니다. 더이상 해리슨과 일을 같이 할 수 없음을 알고 블레인은 1892년 6월에 병을 핑계로 국무장관직을 사임했습니다. 하지만 실질적인 사임 이유는 1892년 공화당 대통령 후보를 선정하는 전당대회에 출마하기 위함이었습니다.

농민의 눈에 고율관세는 기업가들에게만 이익을 주는 것으로 비춰졌습니다. 공화당의 정치보스들과 지도부들도 지난 선거 때와는 달리 후보자 해리슨의 당선에 무관심했습니다. 해리슨의 고향인 인디애나주의 정치적 라이벌인 월터 그레샴이 공화당을 탈당하고 클리블랜드를 지지했습니다. 선거인단 투표에서 클리블랜드가 277표 대 145표로 해리슨을 물리쳤습니다.

대통령이 되고자 하는 당신! 하다못해 어떤 조직의 리더가 되고자 하는 당신! 대통령과 리더인 여러분! 당신은 진정한 따뜻함으로 아랫사람들과 소통하고 있습니까? 소통하지 못하는 대통령과 리더는 실패한 대통령이자 실패한 리더입니다.

딱딱하고 형식적인 인간 빙산

해리슨은 실패한 대통령으로 평가받고 있습니다. 해리슨을 평하는 문장에는 '차가운', '냉담한', '미지근한' 같은 표현이 대부분을 차지하고 있습니다. 역대 미국 대통령 평가에 가장 정평이 난 라이딩스 2세William J. Ridings, Jr.와 맥아이버Atuart B. McIver가 실시한 여론조사에 참가한 사람들은 해리슨에 대해 다음과 같이 말했습니다. "그의 악수는 얼음을 만지는 것처럼 차갑습니다. 그를 아는 사람들은 그의 악수를 '시들어 버린 페튜니아와 같다'고 말했습니다. 그의 공식적인 태도는 너무나 딱딱하고 퉁명스럽고 미지근합니다. 사람들은 그를 두고 '백악관의 빙산과 같은 사람', '너무나 차가운 고드름 같은 사람'이라고 평가했습니다." [4]

해리슨이 임명한 젊은 개혁가 시어도어 루스벨트는 얼마간 일을 한 후 그에 대해 "빌어먹을 대통령! 그는 냉혈인이고, 편협하고, 고집불통에, 소심한 인간으로 케케묵은 찬송가나 부르는 인디애나폴리스의 작은 정치가에 지나지 않는다"고 비난했습니다. [5] 친구이자 개인비서인 할포드는 "그는 2만 명의 군중을 매료시킬 수 있지만 단 한 번의 악수만으로도 그들 모두를 적으로 만들어 버리는 사람"이라고 회고했습니다. [6] 벤저민 해리슨의 친구들 역시 "그는 자신은 물론 다른 사람들에게도 높은 기준을 정

---

4 William J. Ridings, Jr. and Stuart B. McIver, *Rating The Presidents*(1997), 김형곤 옮김, 『위대한 대통령 끔찍한 대통령』(서울: 한언, 2000), 233.

5 Edmund Morris, *The Rise of Theodore Roosevelt*(New York: Coward, McCann & Geoghegan, 1979), 426.

6 Paul F. Boller, *Presidential Anecdotes*(New York: Penguin, 1982), 184.

해 두고 결과가 좋지 않을 때 이를 절대로 용납하지 않는 얼음장과 같은 친구"라고 회고했습니다.[7] 친구들은 해리슨에게 자신을 소개하려고 다가오는 사람들에게 "그가 당신에게 무례하게 구는 것에 크게 신경 쓰지 마시라. 그는 늘 그런 식이다"라고 충고했습니다.[8] 해리슨의 연설에는 그렇게 열광하던 유권자들이 그와 악수만 하고 나면 풀이 죽고 시큰둥해지는 것을 본 선거운동원이 결국 해리슨과 유권자들의 만남을 차단했습니다. 이에 항의가 들어오자 그는 다음과 같이 말했습니다.

나에게 항의하지 마십시오. 선거에서 이기기 위해 무엇을 해야 하는지 나는 알고 있습니다. 벤저민 해리슨은 군중을 환호하게 만들 수 있습니다. 다만 군중들과 악수를 하고 나면 그들을 냉담하게 만들기 때문이며 나는 이런 상태를 원하지 않습니다.[9]

벤저민 해리슨은 대통령이라는 직책 내에서 제한적인 시각만을 가지고 움직였을 뿐 다른 사람을 설득하고 이해

7   Boller, *Presidential Anecdotes*, 184.

8   Boller, *Presidential Anecdotes*, 184.

9   김형곤 옮김, 『이런 대통령 뽑지 맙시다』, 115재인용.

하고 배려하는 진정 어린 소통을 보여 주지는 못했습니다.

　미국인들은 인간관계의 본질적인 요소인 애정, 관심, 관용, 솔선수범, 카리스마 등과 거리가 멀었던 대통령 벤저민 해리슨을 기억하고 싶지 않아 하는 것으로 보입니다. 사실 대부분의 미국 역사 교과서에서 그의 이름조차 찾아볼 수 없습니다. 심지어 미국인들에게 가장 인기 있는 미국사 개설서 중의 하나인『포켓 미국사A Poket History of United States』에서도 그의 이름을 찾아 볼 수 없습니다. [10] 그에 대한 전기나 연구서 역시 소수에 지나지 않으며 그마저 학문적 쟁점을 제기하는 것이 아니라 대통령 시리즈를 서술하는 단계에서 그저 연대기적으로 나열한 것에 불과합니다. [11] 해리슨을 둘러싼 환경은 누구보다도 화려한 성공을 담보해 줄것만 같았지만 그가 보여준 '딱딱하

---

[10]　　Allen Nevins & Henry S. Commager, *A Poket History of United States*(New York: Poket Books, 1992), 비교적 최근에 출간된 미국사 개설서에도 그의 선거와 관련된 이름만 언급되어 있을 뿐입니다. 참조한 도서로는 Robert A. Divine, T. H. Breen, George M. Frederickson and R. Hal Williams, *The American Story*(New York: Addison-Wesley Educational Publishers Inc., 2002), Alan Brinkley, *The Unfinished Nation: A Concise History of the American People*(New York: McGraw-Hill Education, 2015). 등이 있습니다.

[11]　　참조한 도서로는 Harry J. Sievers, *Benjamin Harrison* vols.1-2(New York: University Publishers, 1952, 1959, vol.3(Indianapolis: Bobbs Merrill, 1968), Clinton, *Benjamin Harrison*, Williams, *Benjamin Harrison*, Calhoun, *Benjamin Harrison* 등이 있습니다.

고 형식적인' 인간관계가 그를 '인간 빙산human iceberg'으로 불리게 만들었다는 데 많은 사람들이 동의하고 있습니다.[12]

그러나 인디애나의 시인 제임스 라일리James W. Riley는 해리슨에 대한 독자적인 평가를 내놓고 있습니다.

나는 해리슨 장군의 특성 중 한 부분에 깊은 존경을 표합니다. 그가 옳고 정당하다고 믿는 바에 있어서는 굽힐 줄 모르는 입장을 견지한다는 것입니다. 그의 두려움 없는 결단력은 마음 깊은 곳으로부터 존경을 불러일으킵니다. 해리슨은 모든 역경 앞에 두려움이 없는 정당한 사람이었습니다.[13]

그렇게 볼 수도 있을 것 같습니다. 공功이 있다면 과過도 있는 것이 인간이니 완전한 공도 완전한 과도 없을 것입니다. 공 7에 과 3일지 아니면 공 3에 과 7일지, 이 책을 읽은 여러분들은 어떤 평가를 하시렵니까?

. **12**   Siever, *Benjamin Harrison* vols 3: 4.

. **13**   김형곤 옮김, 『위대한 대통령 끔찍한 대통령』, 238.

참고문헌

- Inaugural Address of Benjamin Harrison. March 4, 1889.
- Second Inaugural Address of Abraham. March 4, 1865.

- Boller, Paul F. Presidential Anecdotes. New York: Penguin, 1982.
- Brinkley, Alan. The Unfinished Nation: A Concise History of the American People. New York: McGraw-Hill Education, 2015.
- Calhoun, Charles W. Benjamin Harrison. New York: Times Books, 2005.
- Calore, Paul. The Causes of the Civil War: The Political, Cultural, Economic and Territorial Disputes Between the North and South. Jefferson, North Carolina: McFarland & Company, Inc., Publishers, 2008.
- Divine, Robert A. Breen, T. H. Frederickson George M. and Williams, R. Hal. The American Story. New York: Addison-Wesley Educational Publishers Inc., 2002.
- Miller, Nathan. STAR-SPANGLED MEN: America's Ten Worst Presidents. 1998. 김형곤 옮김. 『이런 대통령 뽑지 맙시다』 서울: 혜안, 2002.
- Moore, Anne C. Benjamin Harrison; Centennial President. New York: Nova Science Publishers, Inc., 2006.
- Morris, Edmund. The Rise of Theodore Roosevelt. New York: Coward, McCann & Geoghegan, 1979.

- Nevins, Allen. and Commager, Henry S. A Poket History of United States. New York: Poket Books, 1992.
- Ridings, William J. Jr., and McIver, Stuart B. Rating the Presidents. New Jersey: Citadel Press, 1997, 김형곤 옮김.『위대한 대통령 끔찍한 대통령』. 서울: 한언, 2000.
- Robertson, James I. Jr. The Civil War. Washington: U. S. Civil War Centennial Commission, 1963.
- Sievers, Harry J. Benjamin Harrison, vols. 1 and 2: New York: New York University Publishers, 1952, 1956; vol. 3: Indianapolis: Bobbs Merrill, 1968.
- William, Jean K. Benjamin Harrison. New York: Children's Press, 2004.
- 김형곤. "벤저민 해리슨 대통령의 소통부재의 정치".『서양의 역사와 문화 연구』제48집, 2018.
- 김형곤.『신대륙의 역사를 훔친 영화의 인문학』. 서울: 홍문각, 2015.

국민을 불행하게 만든 대통령들 10인 시리즈

벤저민 해리슨

초판 1쇄 인쇄 2021년 8월 10일
초판 1쇄 발행 2021년 8월 16일

저　　자　김형곤

펴낸이　임순재

펴낸곳　(주)한올출판사

등　　록　제11-403호

주　　소　서울시 마포구 모래내로 83(성산동, 한올빌딩 3층)

전　　화　(02)376-4298(대표)

팩　　스　(02)302-8073

홈페이지　www.hanol.co.kr

e-메일　hanol@hanol.co.kr

ISBN　979-11-6647-115-5

국민을 뿌듯하게 만든
대통령들 10인 시리즈
벤저민 해리슨